Stb

JENNIE APPEL & DIRK GROSSER

Du bist nie allein!

Meditationen und Fantasiereisen, die Kinderseelen stark machen

Stb

Die Ratschläge und Meditationen in diesem Buch sind sorgfältig erwogen und geprüft. Sie bieten jedoch keinen Ersatz für kompetenten medizinischen Rat, sondern dienen der Begleitung und der Anregung der Selbstheilungskräfte. Alle Angaben in diesem Buch erfolgen daher ohne Gewährleistung oder Garantie seitens der Autoren oder des Verlages. Eine Haftung der Autoren bzw. des Verlages und seiner Beauftragten für Personen-, Sach- und Vermögensschäden ist daher ausgeschlossen.

Originalausgabe

ISBN Printausgabe 978-3-8434-3041-8
ISBN E-Book 978-3-8434-6134-4

6. Auflage Juli 2016

Umschlag: Murat Karaçay, Schirner,
unter Verwendung von #42944601 (andreapetrlik)
und #40756948 (nem4a), www.fotolia.com
Lektorat & Satz: Claudia Simon, Schirner,
unter Verwendung von #39281899 (Evgenia Smirnova) und
#38329229 (hollymolly), www.fotolia.com
Printed by: Ren Medien GmbH, Germany

www.schirner.com

Inhalt

Vorwort

Vielleicht erinnern wir uns noch an die Wesen, die unsere Kinderzimmer bevölkerten, die uns in Märchen und Geschichten begegneten und unser Spiel bereicherten. Vielleicht erinnern wir uns an Drachen, mit denen wir kämpften oder auf deren Rücken wir über den Wolken dahinflogen, an Feen, die uns verzauberten oder Wünsche erfüllten, an Zwerge, die genauso klein wie wir und dennoch ungemein starke Freunde waren, verborgen in geheimnisvollen Wäldern, die nur wir betreten durften. Vielleicht erinnern wir uns an sprechende Tiere, die mit uns Abenteuer erlebten und denen wir auch unser Herz ausschütten konnten, wenn uns einmal etwas bedrückte.

Die Fantasie von Kindern ist voller eigentümlicher Gestalten, deren Zauber weit lebendiger ist, als wir es uns heute als Erwachsene oft vorstellen können. Wenn wir uns jedoch nur ein wenig daran erinnern können und zudem noch das Glück haben, selbst mit Kindern leben zu dürfen, dann berührt uns dieser Zauber noch von Zeit zu Zeit. Alle diese Wesen haben uns stark gemacht, uns gezeigt, was Mut, Freundschaft, Loyalität und Hilfsbereitschaft bedeuten. Sie haben uns begleitet, wenn wir uns fürchteten, und waren bei uns, wenn wir Sorgen hatten, die wir noch gar nicht in Worte fassen konnten. Sie waren in unseren Träumen und in unserem Alltag bei uns und haben beide Ebenen miteinander verbunden.

Auch heute sind diese Wesen nur allzu gern bereit, uns und unsere Kinder zu unterstützen, ihre Geschichten zu erzählen und ihre archetypische Energie zur Verfügung zu stellen. Sei

es in der Welt der Fantasie oder in den Zeiten, in denen sich unser Geist der Anderswelt öffnet.
Die Meditationen und Fantasiereisen in diesem Buch dienen dazu, die Verbindung zu diesen Energien zu stärken und Kindern einen Raum zu geben, in dem sie sich sicher und geborgen fühlen und gleichzeitig spannende Abenteuer erleben können. Da wir als Eltern, Pflegeeltern, Adoptiveltern und Mitglieder von Patchworkfamilien ihnen diese Reisen vorlesen und während der Reisen an ihrer Seite sind, sind wir sozusagen mit ihnen unterwegs, begleiten unsere Kinder auf ihren Abenteuern, lernen mit ihnen, wachsen mit ihnen, sind füreinander Freunde auf dem Weg.
Wir wünschen allen »Reisenden«, dass der Zauber sie berühren und in neue Welten führen möge, die oft überraschende Lösungen für Probleme in unserer Welt bereithalten.
Mögen unsere Fantasie und die Begegnungen mit der Anderswelt uns und unsere Kinder stark machen!

Jennie Appel & Dirk Grosser
Sommer 2013

Einführung

Spiritualität und Meditation

In jeder spirituellen Tradition spielt die Meditation oder Kontemplation auf die eine oder andere Weise eine wichtige Rolle. Seit jeher versenken sich Menschen in sich selbst und das Göttliche, das sie in ihrem Inneren vorfinden und mit verschiedenen Namen belegen. Klarheit des Geistes, Ruhe und Ausgeglichenheit und vor allem eine Verbindung zur spirituellen Welt, zu den Göttern und Göttinnen, zu den Tier- und Pflanzengeistern und zu den Ahnen sind Erfahrungen, die jeder Meditierende ungeachtet seiner religiösen Ausrichtung machen kann.

Wir können zu der tiefsten Ebene vordringen, auf der wir mit allen Wesen, mit allem Sein verbunden sind. Dort finden wir unsere Menschlichkeit ebenso wie unsere Göttlichkeit. Dort finden wir unsere Verletzlichkeit, unsere Stärke, unsere Sanftheit, unsere innere Wildheit und unsere tiefste Wahrheit. Wir finden unser pochendes Herz und unsere Lebendigkeit.

Meditation dient dazu, dieses Unsichtbare sichtbar und erfahrbar zu machen. Dann können wir die Welt mit einem frischen und unverstellten Geist betrachten, in dem jeder Moment neu und frei von Erwartungshaltungen ist.

Das alles klingt vielleicht sehr abgehoben oder auch theoretisch. In Wirklichkeit ist alles viel einfacher, denn die Praxis der Meditation ist im Grunde simpel: Wir kommen zur Ruhe, fühlen uns in unseren Körper ein, achten auf unseren Atem, lassen die Gedanken vorüberziehen wie Wolken am Himmel und gönnen unserem Geist eine Pause. Diese Pause ist äußerst wichtig, da unser Geist nicht nur ständig mit neuen Dingen, Ideen, Theorien und Vorstellungen zu tun hat, sondern dabei auch stets um sich selbst kreist, alles auf sich bezieht, uns bewertet, Urteile spricht, in der Vergangenheit festklebt oder auf die Zukunft fokussiert ist. Meditation ist ein gutes Mittel, um aus diesem »Hamsterrad« unseres eigenen Geistes einmal für eine Weile auszusteigen und uns wirklich zu entspannen. Gleichzeitig ist sie viel mehr, als nur zu entspannen: Meditation erlaubt es uns, für einen Moment beiseitezutreten und die Gegenwart wahrzunehmen. Hier in diesem Moment, in dem die Probleme der Vergangenheit keine Rolle spielen und die Probleme der Zukunft noch nicht auftauchen, gewinnen wir eine seltene Klarheit über uns selbst. Probleme, die vorher unüberwindbar schienen, werden nun in das rechte Licht gerückt, mit ein wenig Abstand betrachtet und nicht mehr ganz so wichtig genommen. Sie bekommen ihren richtigen Stellenwert zugewiesen.

So hilft uns Meditation, Ruhe zu finden. Eine tiefe Ruhe, in der unsere Intuition – oder, wenn wir so wollen, unser höheres Selbst – die Möglichkeit hat, sich zu melden und auch wirklich gehört zu werden.

Wenden wir eine geführte Meditation an – wie die Fantasiereisen, die wir für dieses Buch geschrieben haben –, wird unser Geist, nachdem er langsam in die Ruhe geführt wurde, in dieser Offenheit mit positiven Bildern »gefüttert«, während die Passagen der Reisen, die uns frei »sehen« lassen, was vor sich geht, Raum für unsere eigene Weisheit bieten. So bekommen wir Zugang zu uns selbst, zu tieferen Regionen unserer Seele, die auf diese Weise durch Bilder mit uns kommuniziert. Unsere Seele verfügt dadurch über eine Sprache, die wir verstehen können.

Im Grunde ist jede Form der Spiritualität ein Erinnern. Alles ist schon in uns vorhanden, wir müssen nur Zugriff darauf bekommen. Dazu benötigen wir keinen Kult, keine Priester, keinen Guru, keine Kirche ... Die Antworten auf die wirklich

wichtigen Fragen im Leben kann uns niemand außer wir selbst geben.
Diese innere Weisheit ist es, die wir mit der Meditation erreichen und die zu uns durch Bilder, Worte und Visionen oder auch durch eine tiefe Stille sprechen kann.
Auch unsere Kinder besitzen diese innere Weisheit – vielleicht noch in einem viel stärkeren Maße als wir Erwachsene –, und wir sind davon überzeugt, dass es gut ist, diese Verbindung zu ihrem eigenen Herzen zu stärken.

Warum Meditationen für Kinder?

Kinder meditieren oft auf ganz natürliche Weise – ihre Aufmerksamkeit ist z. B. beim Spielen und Basteln völlig fokussiert, und sie sind im Hier und Jetzt gegenwärtig. Doch unsere heutige Welt mit all ihren Anforderungen in der Schule, Problemen in der Familie oder mit Freunden bringt auch Kinder schon aus dem Gleichgewicht. Auch das Überangebot an Unterhaltungsmedien trägt dazu bei, dass immer mehr Kinder unter Nervosität und Aufmerksamkeitsstörungen leiden.
Eine geführte Seelenreise ist deshalb für viele Kinder eine willkommene Ruhepause und ein Anker im Alltag. Hier ist die Abfolge der Bilder langsam und fließend, und selbst wenn die Reisen etwas »abenteuerlicher« werden, ist die Wortwahl doch auf das Erreichen von Ruhe und Ausgeglichenheit fokussiert. Die Kinder sind hier keinem Stakkato von Reizen ausgesetzt, sondern werden behutsam in ihr Inneres geführt, wo sie in Ruhe Kraft tanken können.
Verbindungen mit einem Tier oder Fabelwesen und dessen archetypischen Qualitäten, die in den Meditationen geschaffen werden, schenken Kindern Vertrauen und Sicherheit. Außerdem werden hier »Freunde« gefunden, die mit ihren Eigenarten den Kindern aufzeigen, wie wichtig ihre eigene, ganz spezielle Ausdrucksform des Seins für die Welt ist. Die Einzigartigkeit jedes Kindes wird hier liebevoll umarmt und bedingungslos angenommen – etwas, was Kinder leider nicht in jedem Bereich ihres Lebens erfahren. Viel zu oft wird ihnen schon in jungen Jahren vermittelt, dass sie einer bestimmten Erwartung zu entsprechen haben, dass sie brav

sein sollen, möglichst still, dass sie sich konzentrieren, keinen Quatsch machen sollen und so weiter.
Viele Kinder bekommen das Gefühl vermittelt, nicht »richtig« zu sein. Ein Gefühl, das sich in späteren Jahren verstärken und zu seelischen Problemen führen kann. Die Reisen in diesem Buch dienen dazu, Kindern Vertrauen in sich selbst zu schenken und zu zeigen, wie viel sie auf ihre ganz eigene Art schon können.
In Einzelsitzungen und Gruppenveranstaltungen, die wir z. B. auch in Grundschulen anbieten, hat sich gezeigt, dass die Meditationen Kinder dazu führen, angstfreier und selbstbewusster ihren Alltag zu erleben. Schlafstörungen, Unruhesymptome und Aufmerksamkeitsdefizite gehen spürbar zurück. Auch autistische Kinder reagieren ausgezeichnet auf diese geführten Seelenreisen. Da alle Reisen einen starken Bezug zur Natur aufweisen, wecken sie die Lust des Kindes, selbst Erfahrungen in der Natur zu machen – ein nicht zu unterschätzender Aspekt, sieht man sich Berichte über das sogenannte Natur-Defizit-Syndrom bei Kindern an. Der wichtigste Effekt ist unserer Ansicht nach aber, dass die Reisen den Kindern Spaß machen. Unserer Erfahrung nach lieben Kinder es, Fantasiereisen zu unternehmen und dabei von einer Vertrauensperson begleitet zu werden. Das »gemeinsame Reisen« ist oft ein echtes Erlebnis, über das man im Nachhinein weiter sprechen kann, und stärkt die Verbindung von Eltern und Kind noch mehr als das bloße Vorlesen von Geschichten.
Auch die Verbindung von Kind und (Um-)Welt wird gestärkt, was ebenfalls ein wichtiger Aspekt ist.
Man hört oft, dass Kinder unsere Zukunft seien, aber ist uns das auch wirklich bewusst? Die Kinder von heute sind die Erwachsenen von morgen und damit auch die künftigen

Entscheidungsträger. Unsere Verantwortung als Begleitende (und nicht als Er-Ziehende) liegt darin, ihnen ein Gefühl für die Verbindung von allem Lebendigen mitzugeben. Seelisch gesunde Menschen fühlen sich eingebettet in das Leben, nicht getrennt davon. Dies bestimmt ihr Verhältnis zu ihrer Umwelt, zu ihren Mitmenschen und zu ihren Mitgeschöpfen. Die inneren Reisen, die wir für dieses Buch geschrieben haben, zeigen Kindern, dass sie ein wichtiger Teil eines großen Miteinanders sind. Es verortet sie sozusagen in der Welt und nicht außerhalb von ihr als bloße Beobachter und Nutznießer.

So sind sie Teil eines großen Kreises, eines großen Nestes, in dem sie geschützt aufwachsen und sich entwickeln können.

Vorbereitung und allgemeiner Ablauf

Wie gesagt: Kinder meditieren oft auf ganz natürliche Weise. Eine der einfachsten Meditationsübungen mit Kindern kann man mithilfe einer Klangschale machen. Fragen Sie Ihre Kinder einfach, wann der Klang aufhört, und schlagen Sie dann die Klangschale an. Die Achtsamkeit, die die meisten Kinder dann an den Tag legen, ist ebenso beeindruckend wie ihr aufmerksames Lauschen, wenn wir Erwachsene schon längst nichts mehr hören. Versuchen Sie es einmal, wenn Ihr Kind fragen sollte, was Meditation überhaupt sei. Machen Sie diese Übung, und dann können Sie Ihrem Kind sagen: »Genau das, was du gerade gemacht hast, ist Meditation.«
Diese Übung kommt schon recht nah an formale Meditation, wie sie in den unterschiedlichen mystischen Zweigen der Weltreligionen gelehrt wird, heran. Allerdings würden die meisten Kinder formaler, stiller Sitzmeditation wohl ziemlich wenig abgewinnen können – sie würden sie vermutlich einfach als stinklangweilig empfinden.
Die Seelenreisen dieses Buches sind deshalb kleine Abenteuer, Safaris durch die Welten unserer Seele. Genau so können Sie Ihrem Kind auch erklären, worum es geht: Es sind Abenteuergeschichten, bei denen Ihr Kind die Hauptperson ist und auf denen es viele spannende Begegnungen mit Elfen, Drachen, Zwergen, Indianern, Druiden, sprechenden Schildkröten, weißen Hirschen und sogar mit Großmutter Mond erleben wird.

Die meisten Reisen dauern zwischen zehn und fünfzehn Minuten – je nachdem, wie lange Sie die Pausen in den dafür vorgesehenen Abschnitten gestalten. Diese Pausen haben wir jeweils mit einem Pausenzeichen (***) markiert. Hier sollten Sie Ihrem Kind etwas Zeit geben, um die inneren Bilder genau betrachten oder ein Zwiegespräch mit einem Wesen führen zu können, das es auf der Reise getroffen hat. Meist reicht eine Pause von drei bis fünf Atemzügen. Vertrauen Sie hier ganz Ihrem Gefühl: Sie werden merken, wann es Zeit ist, weiterzulesen. An manchen Stellen erwähnt das Tier oder das Fabelwesen den Namen Ihres Kindes. Diese Stellen haben wir mit ____________ *(Name des Kindes)* gekennzeichnet. Hier können Sie also Ihr Kind im Fluss des Geschehens direkt mit seinem Namen ansprechen, was die ganze Sache noch persönlicher macht.

Vorbereitend sollten Sie für eine möglichst störungsfreie Umgebung sorgen und auch selbst als Vorlesende/r ein wenig Ruhe mitbringen. Computer und Telefon sollten ausgeschaltet sein, wenn möglich auch die Türklingel. Fünfzehn Minuten können wir alle auf E-Mails, Anrufe und Besucher verzichten. In diesen fünfzehn Minuten sind nur Ihr Kind und die Erfahrungen, die es macht, wichtig.

Setzen Sie sich zu Ihrem Kind an den Ort, den es sich für die Reise ausgesucht hat. Vielleicht ist das ein Sessel im Kinderzimmer oder das Bett, vielleicht ist es auch die Couch im Wohnzimmer oder der Fußboden, auf den Sie einfach eine Decke legen. Ihr Kind entscheidet, von wo aus es seine Reise starten möchte.

Lassen Sie das Kind eine bequeme Position finden, und beginnen Sie dann, langsam und deutlich vorzulesen. Vielleicht können Sie Ihre Stimme, wenn das eine oder andere Wesen auf der Reise spricht, entsprechend variieren. Das muss aber nicht sein, denn die Kinder verstehen sofort, wer zu ihnen spricht, und in ihrer Fantasie klingt Ihre Stimme dann ohnehin ganz anders.

Die Reisen starten immer damit, zur Ruhe zu kommen und auf den eigenen Atem zu achten. Das ist ein wichtiges Element, das nach und nach zu einem Signal für den Körper und den Geist wird, dass nun eine innere Reise folgt. Das macht den Zugang zu diesen anderen Welten einfacher. Es ist äußerst unterstützend, wenn der Vorleser an dieser Stelle selbst tief durchatmet und das Kind dadurch ganz natürlich anleitet, es ihm gleichzutun.
Die Reisen können in beliebiger Reihenfolge unternommen werden, je nachdem, welche Überschrift das Kind gerade anziehend findet. Einzig die Krafttiersuche und die Visionssuche sollten erst gemacht werden, wenn ein wenig Erfahrung mit den anderen Reisen gesammelt wurde. »Der heilende Kreis der Druiden« (S. 101) ist für Kinder gedacht, die gerade ein bisschen krank sind, vielleicht eine Erkältung haben oder eine Magenverstimmung. »Willkommen bei den Erdwichteln« (S. 128) sollte Kindern vorgelesen werden, denen es seelisch nicht gut geht, die gerade etwas zu verarbeiten haben, wobei sie Hilfe brauchen. Vor jeder Reise finden Sie aber auch noch einmal Hinweise, die zeigen, wozu die jeweilige Meditation besonders geeignet ist.

Nach der Reise sollten Sie sich noch etwas Zeit nehmen, um Ihrem Kind zuzuhören, falls es etwas von der Reise berichten möchte. Alles, was das Kind äußert, ist wichtig für seine Seele. Allerdings sollten Sie sich mit Deutungsversuchen zurückhalten, denn es geht ja darum, dass Ihr Kind Zugang zu seiner eigenen Weisheit findet. Hören Sie einfach zu, und zeigen Sie Ihr ehrliches Interesse an den inneren Erlebnissen Ihres Kindes.
Wenn einem Kind ein Tier begegnet, das es besonders beeindruckt, kann man diese Energie für den Alltag des Kindes sichtbar machen, indem man vielleicht ein entsprechendes

Kuschel-, Holz- oder Plastiktier besorgt. Das gilt besonders für die Krafttierreise, auf der sich ein Tier zeigen wird, das durch den Text nicht vorgegeben ist.
Es bietet sich auch an, dem Kind dann, wenn es das möchte, mehr zu diesem Tier zu zeigen oder vorzulesen. So kann es sich stärker mit diesem Tier und den positiven Energien, die dieses Tier verkörpert, verbinden.

Die Reisen sollten nicht zu häufig gemacht werden. Lassen Sie Ihr Kind entscheiden, ob und wann es eine Reise unternehmen möchte. Sie können anbieten, auch mal anstatt einer Gute-Nacht-Geschichte eine Reise mit Ihrem Kind zu machen, aber letztlich trifft immer Ihr Kind die Entscheidung. Auch wenn Ihr Kind die Reisen sehr mag, sollten Sie es vermeiden, zwei Reisen hintereinander zu machen. Das verwirrt nur und verwischt die Eindrücke der Reisen. Besser wäre es in diesem Fall, aus den Reisen ein regelmäßiges, besonderes Ritual zu machen wie eine wöchentliche Papa-Kind-Reise, die Sonntagmorgen-Mama-Meditation oder etwas Ähnliches. Ihnen wird sicher ein guter Weg einfallen.

Vielleicht können Sie auch den Inhalt der Reisen, nachdem Ihr Kind »zurückgekehrt« ist, nachspielen. Damit bietet sich dem Kind eine weitere Möglichkeit der Verarbeitung und der Verinnerlichung – und mehr Zeit mit Mama oder Papa.

Die Möglichkeiten, die diese Reisen bieten, sind so vielfältig wie die Erlebnisse, die in den Kinderseelen aufscheinen. Wir sind uns aufgrund der Erfahrungen, die wir mit Kindern und diesen Meditationen machen durften, sicher, dass die Reisen sowohl Kindern als auch den vorlesenden und begleitenden Erwachsenen guttun.

Die Meditationen

Die Reise zu den Zwergen

Diese Reise stärkt das Gefühl des Eingebundenseins in die Familie aller Wesen. Sie erdet, und das Kind erhält ein Geschenk, das stark macht und es weiterhin begleitet.

Schließe deine Augen, und atme dreimal ganz tief durch.

Jetzt stelle dir vor, wie du auf einer Wiese sitzt, die an einen Wald grenzt. Der Himmel über dir ist blau, nur ein paar kleine Wölkchen ziehen vorbei.

Die Sonne ist groß und gelb und leuchtend – sie scheint auf dich herab, wärmt dein Gesicht, deinen Hals, deine Schultern, deine Arme und Hände. Die Wärme fließt durch dich hindurch – durch deine Brust, deinen Rücken, deine Beine und deine Füße bis in deine Zehen hinein. Kannst du die Wärme in deinen Zehen fühlen? Vielleicht kitzelt die Sonne dich ein bisschen. Vielleicht an den Zehen, vielleicht aber auch an deiner Nasenspitze ...

***

Dein Atem ist jetzt ganz ruhig, und du schaust dich auf deiner Wiese um. Grünes, frisches Gras, ein paar Blumen hier und dort – und ein paar Meter weiter am Waldrand Büsche und niedrige Bäume. Dahinter stehen die großen Bäume. So weit du sehen kannst, reihen sich die grünen Gesellen aneinander.

Während du dir den Wald anschaust, siehst du plötzlich eine kleine rote Mütze, die zwischen den Büschen hervorlugt. Sie bewegt sich hin und her, manchmal auch auf und ab. Du stehst auf und gehst ganz langsam und vorsichtig zum Waldrand.

Da zeigt sich unter der roten Mütze ein lustiges, winziges Gesicht mit funkelnden Augen, einer knolligen Nase und einem verschmitzten Lächeln inmitten eines struppigen Bartes.

Ein Zwerg, der nun aus dem Gebüsch tritt und der dir gerade bis zum Knie reicht.

Er begrüßt dich freundlich und lädt dich ein, dir sein Dorf zu zeigen und dich seinen Freunden vorzustellen. Kinder sind den freundlichen Zwergen immer willkommen, nur Erwachsenen zeigen sie sich nicht so gern.

Gemeinsam geht ihr ein Stück in den Wald hinein, klettert über Wurzeln und Baumstämme, die vor langer Zeit umgefallen sind.

Nach einer Weile siehst du vor dir eine große bemooste Fläche, und die Sonne, die durch die Bäume scheint, malt goldene Tupfer auf Baumstümpfe, Pilze, Flechten und Farne.

Und nun hörst du auch einen fröhlichen Gesang, und hinter einem Baum kommen viele kleine Zwerge hervor, alle mit roter Mütze, Lederwams und winzigen Stiefeln angetan.

Sie bilden einen Kreis und fassen sich an den Händen. Auch du darfst dich in den Kreis stellen, und rechts und links von dir sind Zwerge, deren Hand du jeweils hältst.

Alles wird ganz still.

»Wir sind die Zwerge«, sagt dann einer von ihnen, der einen grauen Bart und eine grüne statt einer roten Mütze trägt. »Wir sind die Zwerge und haben heute einen ganz besonderen Gast. Ein Kind, dessen Herz so rein ist, dass es uns sehen kann.«

Nun schaut er dir in die Augen.

»Herzlich willkommen in unserem Wald, herzlich willkommen in unserer Welt. Schließ deine Augen, und sing mit uns das Lied der Erde, das uns Kraft gibt und uns wissen lässt, dass wir alle eine Familie sind – wir Zwerge, die Bäume, die Menschen, die Tiere, die Pflanzen, die Elfen, die Wälder, die Drachen, die Berge und die Feen.«

Alle Zwerge schließen nun ihre Augen und beginnen mit einem tiefen, brummenden, summenden Lied.

Ein Lied ohne Worte, das du aber dennoch verstehst.

***

Das Lied erzählt dir von allen Dingen, von allen Wesen, die es auf der Welt gibt. Du weißt, dass du dazugehörst, du weißt, wo dein Platz ist.

Hier – in der Mitte von allem!

Du spürst, wie die Kraft der Erde aus dem Boden steigt, während du das Lied mitsummst, mitbrummst. Du fühlst, wie die Kraft der Erde durch deine Füße und deine Beine in deinem Körper aufsteigt.

Und wie die Sonne dich auf der Wiese gewärmt hat, wärmt dich nun diese Kraft, die aus dem Boden, aus der Erde kommt.

***

Du spürst, wie stark du bist.

Du spürst, wie die Erde dich trägt und dich mit allem versorgt, was du brauchst.

Du spürst, dass du niemals allein bist, sondern umgeben von vielen Freunden, sichtbaren und unsichtbaren, großen und kleinen.

***

Langsam endet das Lied. Ein Zwerg nach dem anderen hört auf zu summen. Auch du hörst auf, und alles wird wieder ganz still.

Ein Vogel zwitschert. Und noch einer, der dem ersten antwortet.

Du öffnest deine Augen, und alle Zwerge strahlen dich an.

»Du hast gut gesungen«, sagt einer von ihnen.

»Und du hast das Lied verstanden«, meint ein anderer.

Dann tritt der Zwerg vor, den du als ersten am Waldrand getroffen hast. In seinen Händen hält er einen goldenen Ball, vielleicht so groß wie ein Hühnerei. Dieser schimmert und glänzt, ja, er glüht sogar ein bisschen, strahlt wie eine winzige Sonne.

»Das ist ein Geschenk für dich«, sagt er. »So, dass du uns nie vergisst.«

Du kniest dich vor dem Zwerg auf den Boden, und ganz vorsichtig hält er den goldenen Ball vor deine Brust. Das Strahlen wird stärker – und dann schwebt es in deine Brust, in dein Herz hinein.

Du spürst, wie es dich ganz erfüllt, wie sich ein wunderschönes Gefühl in dir ausbreitet.

***

Lächelnd schaut dich der Zwerg an und sagt: »Immer, wenn dich in Zukunft etwas bedrückt, dir nicht wohl ist, du Angst hast oder du traurig bist, dann denke an das goldene Licht in dir und an das Lied der Erde. Erinnere dich an uns und unseren Kreis, von dem du immer ein Teil sein wirst. Erinnere dich immer, wie stark du bist, wie die Erde dich trägt und dass du niemals allein bist.«

Die Zwerge verneigen sich vor dir und verabschieden sich. Dann bringt dich der erste, den du getroffen hattest, zurück zum Waldrand, wo auch er sich verabschiedet. »Freunde fürs Leben«, ruft er dir zu und verschwindet wieder im Unterholz.

Du sitzt wieder auf der grünen Wiese, atmest tief durch und fühlst dich rundum wohl. So wohl wie ein Zwerg im Wald, so wohl wie ein Vogel in der Luft oder ein Fisch im Wasser.

Atme noch dreimal, spüre dabei noch einmal das warme Licht und die Kraft der Erde in dir, und öffne dann langsam deine Augen.

Fröhlich sei dein Tag, fröhlich sei dein Leben!

Die Reise zu den Elfen

Die Reise zu den Elfen schenkt Lachen und Leichtigkeit, ist gut bei Traurigkeit und hilft allzu ernsten Kindern, loszulassen und einfach die Magie des Lebens zu bestaunen.

Setze dich ganz bequem hin. Du kannst dich auch hinlegen, wenn du magst. Einfach so, wie du dich wohlfühlst.

Schließe deine Augen, und atme dreimal ganz tief durch.

Spürst du die Luft, die du einatmest? Spürst du sie in deiner Nase, in deinem Hals, in deiner Brust und in deinem Bauch?

***

Spüre noch mal genau hin, und stelle dir dann vor, wie du in einem wunderschönen Garten auf der Wiese sitzt.

Rechts von dir ist ein Beet mit lilafarbenen und gelben großen Blumen, links von dir wachsen große rote und rosarote Blumen.

Überall dazwischen sind kleinere Blumen in allen Farben und Formen zu finden, alles duftet im Sonnenschein, die Luft, die du atmest, ist ganz erfüllt von Blumenduft.

Bienen summen herum, Vögel singen in den Bäumen und den Büschen, die den Garten umgeben. Du sitzt ganz still dort, und ganz langsam breitet sich ein Lächeln auf deinem Gesicht aus.

Plötzlich hörst du ein Rauschen in der Luft – viel lauter als von fliegenden Vögeln. Du schaust nach oben, doch du kannst noch nichts erkennen.

Das Rauschen wird lauter, es müssen große Flügel sein. Dann glitzert etwas im Sonnenlicht, und vor dir in deinem Garten landet ein geflügeltes, weißes Pferd.

Es wiehert, schnaubt und schüttelt seine Mähne.

Es geht ein paar Schritte auf dich zu, senkt seinen Kopf zu dir herab und berührt deine Stirn mit seiner.

»Die Elfen haben mich geschickt, denn sie möchten mit dir spielen«, sagt es dann. Du streichelst seinen Hals – sein Fell ist ganz seidig und die Mähne ganz weich.

»Steig auf meinen Rücken. Ich bringe dich zu einem Ort, der noch viel schöner ist als dieser Garten«, sagt das geflügelte Pferd und knickt mit seinen Vorderläufen ein, sodass du ganz leicht aufsteigen kannst.

Du nimmst zwischen den Flügeln Platz, und augenblicklich nimmt das Pferd Anlauf, breitet seine Schwingen aus und erhebt sich in die Luft.

***

Der Wind zerzaust dein Haar, und du siehst die Welt unter dir kleiner werden. Das Haus, in dem du wohnst, die Straße, in der du spielst, deine Schule ... alles bleibt hinter dir zurück, als du auf dem Rücken des geflügelten Pferdes auf eine große Bergkette zufliegst.

Die Berge schimmern im Sonnenlicht, und Wolken verhüllen ihre Gipfel. Das Pferd fliegt zwischen zwei Bergen hindurch, und dann erblickst du zwischen den großen Felsen ein grünes Tal, durch das sich ein Fluss schlängelt.

Bis zum Horizont erstreckt sich dieses Tal, über das du nun schwebst. Du siehst unzählige Bäume, Wiesen voller bunter Blumen, den Fluss, der silbern in der Sonne glitzert, und viele runde Häuser, die in den schönsten, leuchtendsten Farben bemalt sind und aus denen jetzt immer mehr Elfen hervortreten, während dein Pferd langsam immer tiefer sinkt und zur Landung ansetzt.

Auf einer der Wiesen steigst du jetzt vom Rücken des Pferdes, während die Elfen – jede kaum größer als ein kleines Kind – immer näher kommen. Du kannst nun ihre bunten Gewänder sehen, ihre spitzen Ohren, ihre zarten Flügel, die wie Libellenflügel aussehen und die leise schwirrende Geräusche machen. Du hörst auch das Lachen der Elfen, zart und silbern klingelnd, fast wie das Plätschern des Flusses, der nicht weit von hier fließt.

Alle Elfen versammeln sich um dich, begrüßen dich mit freundlichen und warmen Worten.

»Spiel mit uns«, rufen einige. »Spiel mit uns!«

Ihr beginnt, über die Wiesen zu laufen, spielt Fangen und lacht miteinander. Im Spiel der Elfen scheint es keine Regeln zu geben, manche verstecken sich, manche laufen hintereinander her, manche sitzen einfach zwischen den Blumen und schauen zu, manche fliegen umher ... – doch alle haben Spaß!

***

Stunden über Stunden läufst du über die Wiesen, schwimmst im Fluss, zwei Elfen nehmen dich sogar zwischen sich und fliegen mit dir über die wunderschönen Blumen.

Der Tag vergeht, und dir ist ganz leicht ums Herz vom vielen Lachen und Spielen. Die Sonne, die den ganzen Tag deine Nase gekitzelt hat, als würde sie mit dir und den Elfen mitspielen wollen, versinkt langsam hinter den Bergen.

Alles kommt zur Ruhe.

Die Elfen versammeln sich in einem Kreis und entfachen in der Mitte ein großes, knisterndes Feuer. Du hast vor lauter Spielen gar nicht gemerkt, dass es kühler geworden ist, doch jetzt, als du im Kreis der Elfen stehst, bist du froh über das wärmende Feuer vor dir.

Du schaust dich um und siehst überall fröhliche Gesichter – alle lächeln einander an, lächeln dich an – und freuen sich über dein Lächeln.

Dann tritt eine der Elfen vor dich. In der Hand hält sie ein kleines Säckchen.

»Hier drin ist ein Geschenk für dich, damit du uns und unseren gemeinsamen Tag niemals vergisst«, sagt sie.

Sie öffnet das Säckchen und nimmt eine Handvoll glitzernden Zauberstaub heraus. Ganz silbern liegt der Zauberstaub auf ihrer Hand.

Die Elfe schaut dich lange an – und ihr müsst beide grinsen. Dann pustet die Elfe den Staub über dich, und er hüllt dich ganz mit seinem Glitzern ein.

Alles funkelt um dich herum, alles strahlt in einer Wolke aus Zauberstaub.

Mit jedem Atemzug nimmst du mehr von dem Zauber in dir auf. Du spürst, wie das Glitzern, das Leuchten und das Elfenlachen sich in deinem Herzen niederlassen. Ganz tief in deinem Inneren ist nun das Elfenlachen – und es wird niemals wieder verschwinden ...

***

Die Elfe, die vor dir steht, schaut dich lange an.

Dann sagt sie: »Möge dich dieser Zauber immer begleiten, mögest du immer unser Lachen hören, wenn du ganz tief in dich hineinlauschst. Und wenn du einmal traurig bist oder dich nicht wohlfühlst, dann hör auf dein Herz. Hör das Elfenlachen, das erst ganz leise ist, sodass du es vielleicht gar nicht wahrnehmen kannst. Doch wenn du dann ganz still bist, dann hörst du, wie es immer lauter wird, wie es glitzernd und funkelnd wie ein kleines silbernes Bächlein durch dein Herz fließt. Dann wird dir ganz leicht werden, und alle Dinge, die du tust, werden ganz leicht.

Du hast uns deine Zeit geschenkt und so schön mit uns gespielt. Dieser Zauber ist unser Geschenk für dich, ein Geschenk, das dich dein Leben lang begleiten wird.

Flieg nun wieder zurück in deine Welt, und nimm dieses innere Lachen mit!«

Alle Elfen klatschen in die Hände und jubeln, während du wieder auf den Rücken des geflügelten, weißen Pferdes kletterst und mit ihm vom Boden abhebst.

Du winkst den Elfen zu, und sie winken zurück.

In dir spürst du ihren Zauber und ihr Lachen.

Das Pferd fliegt schnell über die Berge, zurück in deine Straße, zurück in deinen Garten, wo es landet. Du steigst ab und legst noch mal deine Stirn an die Stirn des Pferdes, bevor es sich wieder in die Lüfte erhebt und zurück ins Elfenland fliegt.

Nun sitzt du wieder in deinem Garten, der dir noch schöner vorkommt als vor deinem Erlebnis mit den Elfen. Der Zauber der Elfen lässt dich alle Dinge so sehen, wie sie wirklich sind: voller Magie, voller Schönheit, voller Lachen!

Atme nun noch dreimal tief durch, und öffne dann langsam deine Augen. Willkommen in deiner Welt, die durch das Elfenlachen in deinem Inneren jeden Tag ein bisschen schöner wird ...

Fröhlich sei dein Tag, fröhlich sei dein Leben!

Das Drachenjunge

Die Begegnung mit dem Drachenjungen zeigt dem Kind, wie mutig es schon ist und wie es anderen helfen kann. Sie schenkt Drachenkraft und ein gesundes Selbstbewusstsein.

Setze dich ganz bequem hin. Mache es dir gemütlich. Du kannst auf einem Stuhl sitzen oder im Schneidersitz auf dem Boden. Du kannst dich irgendwo anlehnen, dich ankuscheln oder dich auch hinlegen, wenn du magst.

Ganz so, wie du dich am wohlsten fühlst.

Schließe nun deine Augen, und atme dreimal ganz tief durch.

***

Die Luft strömt durch deine Nase, durch deine Brust bis in deinen Bauch und dann wieder zurück. Kannst du das spüren? Merkst du, wie dein Bauch sich bei jedem Atemzug hebt und senkt?

Mache noch einen tiefen Atemzug, und stelle dir dann vor, wie du durch ein grünes Tal wanderst.

Wiesen, Büsche und Bäume, so weit das Auge reicht, bewaldete Hügel, silberne Bäche – und hier und da liegen große Felsen und kleinere Steine am Wegrand, von denen manche mit ganz weichem Moos bewachsen sind.

***

Über dir ist der klare Himmel, nur ein paar kleine weiße Wolkenfetzen ziehen gemächlich durch das weite Blau, während du weiterwanderst und die Gegend erkundest.

Du hast alle Zeit der Welt ... Schaue dich in Ruhe um ...

***

Du spürst die Sonne warm auf deinem Gesicht, du spürst deinen Atem und deine Schritte – und du fühlst dich rundum wohl.

Auf einmal hörst du ein ganz leises Schluchzen und Weinen. Es ist leise, und doch hörst du es ganz deutlich – es muss ganz aus der Nähe kommen. Da siehst du hinter ein paar grünen Büschen ein paar große Felsen, und du spürst, dass das Weinen von dort kommen muss. Du gehst langsam darauf zu und schiebst schließlich die Büsche ein wenig zur Seite, um besser sehen zu können. Da entdeckst du zwischen den Felsen, in einer kleinen Spalte, ein Drachenjunges!

Für eine Weile beobachtest du es, doch das Weinen wird nicht weniger, und du möchtest es trösten – deswegen traust du dich, es anzusprechen und zu fragen, was es bedrückt.

Das Drachenjunge sieht dich mit großen Augen an. Du gehst vorsichtig noch ein bisschen näher heran und fragst, ob du ihm irgendwie helfen kannst ...

Da verrät es dir seinen Kummer: »Ich habe mich verirrt. Ich wollte lernen, so hoch zu fliegen wie meine Freunde, und je länger ich geübt habe, desto mehr habe ich mich verirrt.«

Du kannst verstehen, wie traurig es ist, und möchtest ihm gern helfen, seinen Weg nach Hause zu finden. Vielleicht kannst du es auf den Arm nehmen? Oder wollt ihr euch lieber an den Händen halten? Vielleicht könnt ihr auch gemeinsam nach oben fliegen und von dort einen so weiten Blick erlangen, dass ihr gemeinsam das Zuhause wiederfinden könnt?

Frage den kleinen Drachen doch einfach, was ihm am liebsten ist.

***

Das Drachenjunge freut sich sehr über deine Hilfe und beruhigt sich langsam.

Es fasst Vertrauen zu dir und erzählt dir etwas mehr von sich: »Eines Tages werde ich ein großer goldener Drache der Weisheit sein und werde den Menschen mit meiner Kraft helfen, ihre Träume wahr werden zu lassen! Ich darf ihnen dann helfen, das zu tun, was sie richtig gut können, und glücklich zu sein! Darauf freue ich mich schon so sehr, dass ich deswegen auch so viel geübt habe ...«

Da siehst du plötzlich einen Eingang in einem riesigen Felsen, und du weißt ganz sicher, dass dies das Zuhause des kleinen Drachen sein muss. Du zeigst es ihm, und er freut sich sehr: »Ja, das ist es – unsere Drachenhöhle! Du hast sie gefunden!«

Zielsicher steuert ihr gemeinsam darauf zu.

***

Das Drachenjunge sieht dich strahlend an und sagt: »Weißt du, jetzt sind meine Flügel noch klein, aber irgendwann werden sie mich noch viel besser durch die Lüfte tragen –

das weiß ich ganz genau! An manchen Tagen bin ich nur so ungeduldig und kann es einfach nicht mehr erwarten, dass ich groß bin! Bestimmt kennst du das auch. Und genauso wie ich wirst auch du wachsen – und alle Geschenke, die dir die Erde mitgegeben hat, wirst du an andere weiterreichen können.«

***

Nun seid ihr gemeinsam an der großen Drachenhöhle angekommen. Irgendwie wirkt sie recht dunkel auf dich, man kann nicht erkennen, wohin der Weg führt und was euch im Inneren der Höhle erwartet.

Da sagt das Drachenjunge zu dir: »Du musst keine Angst haben. Du hast mich gerettet und hierhergebracht. Du hast ein reines Herz, und das erkennen Drachen! Wer so vor den Drachen besteht, muss vor nichts mehr Angst haben.«

Und so geht ihr Seite an Seite in die Höhle hinein.

Plötzlich wird es heller, und in einiger Entfernung kannst du ein Licht flackern sehen. Ungefähr in der Mitte der Höhle kommt ihr an ein Lagerfeuer, um das viele Drachen versammelt sind. Da sind goldene, bronzene, rote und grüne Drachen und auch braune Erddrachen, einige sehr große und auch ein paar kleinere und sogar Drachenjunge wie das, das du gefunden und zurückgebracht hast.

Sie alle nicken dir zu und verbeugen sich sogar vor dir.

***

Zwei sehr große und prächtig aussehende Drachen treten aus dem Kreis hervor und stehen nun direkt vor euch.

Du erkennst: Das müssen die Drachenkönigin und der Drachenkönig sein!

Beide danken dir und loben deinen Mut und deine Herzensgüte.

Schließlich sagt die Drachenkönigin: »Für so viel Mut und ein so großes Herz möchten wir dir ein ganz besonderes Geschenk machen. Ich gebe dir eine grüne Schuppe von meinem Körper, dadurch erhältst du einen Teil meiner Kraft. So wirst du immer mit uns verbunden bleiben und die Zeit in unserer Welt nicht vergessen.«

Sie nimmt eine Schuppe ihrer Haut und legt sie auf dein Herz. Dann bittet sie dich, einmal ganz tief ein- und auszuatmen, und du spürst, wie die Schuppe beginnt zu leuchten, in deine Brust hineinsinkt und sich mit deinem Herzen verbindet. Vielleicht fühlt sich dadurch dein ganzer Körper anders an ...

***

Dann sagt sie: »Und nun wird dir der König ebenfalls ein Geschenk machen und dir damit die stille Weisheit übertragen. Atme wieder tief durch, und spüre in deinem Körper nach ...«

Der große Drachenkönig nimmt eine goldene Schuppe von seiner Haut und legt dir diese ganz behutsam auf deine Stirn. Auch sie beginnt zu leuchten und sinkt ganz langsam in deine Stirn. Du spürst Ruhe – du spürst das Wissen der Drachen, die Klugheit, die Weisheit dieses alten Volkes.

Der Drachenkönig sieht dir dabei die ganze Zeit lächelnd und in aller Stille tief in die Augen.

***

»Du bist nun mit unserer Drachenkraft des reinen Herzens und der stillen Weisheit verbunden, und unser Dank begleitet dich fortan durch dein ganzes Leben.«

***

Nun ist es an der Zeit, dich zu verabschieden.

Das Drachenjunge ist fast ein wenig traurig, dass du nun wieder gehen musst, und sagt zu dir: »Irgendwann möchte ich einmal so stark und mutig werden wie du! Danke, dass du mir geholfen hast! Ich hoffe, wir sehen uns eines Tages wieder.«

***

Ein brauner Erddrache kommt auf dich zu und sagt dir, dass er dich in deine Welt, zu deinem Zuhause zurückbegleiten wird.

Du schaust ein letztes Mal in die gemütliche Runde in der Drachenhöhle, winkst allen zu und gehst mit dem braunen Erddrachen zum Höhlenausgang. Dort legt er sich ganz flach auf den Boden, damit du gut auf seinen Rücken klettern und dich festhalten kannst. Er fliegt dich den ganzen Weg zurück zum Ausgangspunkt deiner Wanderung.

Hoch oben fliegst du über das Land. Ganz klein sind die Häuser und die Menschen, die Wälder und die Tiere unter dir.

***

Der Drache landet in der schönen, grünen Landschaft, und du kletterst von seinem Rücken hinunter. Zum Abschied legst du deine Stirn an seine, und er gibt ein leises wohliges Brummen von sich.

Du kannst gerade noch »Danke, und bis bald!« sagen, da erhebt er sich schon wieder in die Lüfte und fliegt davon.

Dann beginnt, die Landschaft sich um dich herum wie Nebel aufzulösen.

Die Farben werden blasser, der Drache am Horizont, die Wiesen, die Hügel und die Bäume, die Steine und die Felsen, das Gras und die anderen Tiere verschwinden langsam ...

Du und dein Atem bleiben.

***

Atme nun noch dreimal tief durch, und öffne dann langsam deine Augen. Willkommen in deiner Welt, in der du die grüne Kraft und die goldene Weisheit der Drachen in dir trägst.

Fröhlich sei dein Tag, fröhlich sei dein Leben!

Schutzengel-Meditation

Diese Meditation schenkt Kindern das Gefühl, niemals allein zu sein, sondern stets behütet und beschützt zu werden und dabei von bedingungsloser Liebe umgeben zu sein.

Setze dich ganz bequem hin. Du kannst auf einem Stuhl sitzen oder im Schneidersitz auf dem Boden. Du kannst dich irgendwo anlehnen, dich ankuscheln oder dich auch hinlegen, wenn du magst.

Ganz so, wie du dich am wohlsten fühlst.

Schließe nun deine Augen, und atme dreimal ganz tief durch.

***

Die Luft strömt durch deine Nase, durch deine Brust bis in deinen Bauch und dann wieder zurück.

Spüre noch mal genau hin, und stelle dir dann vor, wie du hoch oben auf einer Bergwiese sitzt.

Neben dir plätschert ein kleiner Wildbach dahin – fast hört es sich so an, als würde der Bach leise lachen. Silbern glitzernd hüpft der Bach über bemooste Steine hinab ins Tal, über das du von hier oben einen ganz tollen Blick hast.

***

Über dir ist der blaue Himmel, an dem nur ein paar wenige weiße Wolken zu sehen sind. Es ist ein herrlich sonniger Tag, und alles strahlt.

***

Nun kommt ein leichter Wind auf. Du spürst ihn im Gesicht und in deinem Haar. Ganz sacht und warm berührt er dich.

Du hörst ein Rauschen wie von großen Vogelschwingen – das kann doch nicht der Wind sein, oder?!

Und plötzlich flüstert dir jemand deinen Namen ins Ohr – ganz leise, sodass du es kaum hören kannst. Noch einmal sagt die Stimme deinen Namen.

Kannst du es hören?

***

Das Flügelrauschen wird lauter, aus dem Augenwinkel siehst du ein Glitzern, und da steht auf einmal jemand neben dir. Ganz leuchtend ist das Gewand dieses Wesens – und das Wesen hat weiße Flügel, die ebenfalls leuchten.

Das Wesen schaut dich an. Sanfte, freundliche Augen und ein warmes Lächeln ...

Ein Engel!

***

Ganz verwundert und verzaubert schaust du den Engel an. Kannst du sein liebes Gesicht erkennen? Siehst du sein Gewand und seine Flügel? Kannst du alles gut erkennen? Fällt dir etwas Besonderes auf?

***

»Hab bitte keine Angst«, sagt der Engel. »Normalerweise können Menschen mich nicht sehen, aber heute bin ich zu dir gekommen, weil ich dir etwas Wichtiges sagen und zeigen muss.«

Der Engel tritt hinter dich und legt seine Flügel um dich. Du spürst die Federn, die dich berühren, und du fühlst die Wärme und Geborgenheit, die dich umgibt.

***

»Jeden Tag und jede Nacht«, sagt der Engel, »bin ich bei dir. Ich kenne dich schon so lange. Ich war dabei, als du im Bauch deiner Mutter immer größer wurdest. Ich war dabei, als du geboren wurdest, als du das erste Mal von deinen Eltern im Arm gehalten wurdest, als du das erste Wort gesprochen und als du den ersten Schritt gemacht hast.

Ich bin dabei, wenn du in den Kindergarten gehst oder in die Schule. Ich bin dabei, wenn du spielst oder Hausaufgaben machst, wenn du draußen herumtobst oder wenn du dir in deinem Zimmer ein Buch anschaust.

Ich bin bei dir, wenn du lachst und dich freust. Ich bin auch bei dir, wenn du mal traurig bist. Ich teile alles mit dir und versuche, dich zu beschützen, so gut ich kann.

Ich höre dir zu, wenn du Sorgen hast, und ich höre dir zu, wenn du mir etwas Lustiges erzählen willst. Ich mag Geschichten, ich mag auch Witze, ich mag Spiele und Tierbabys – und vor allem ... mag ich dich!

Tagsüber schaue ich dir gern zu, wie du spielst, wie du plötzlich ein mutiger Löwe bist oder ein schnelles Pferd. Wie du mit einem Ball spielst oder mit Playmobil. Wie du mit Lego eine ganze Stadt baust oder als Indianer durch die Wohnung schleichst. Ich mag es, wenn du mit deinen Freunden und Freundinnen herumalberst und wenn ihr euch immer neue Abenteuer ausdenkt.

Ich mag es, wie du Blumen ansiehst und Bäume, wie du eine Katze, einen Hund oder ein Kaninchen streichelst.

Nachts sitze ich an deinem Bett und beschütze deinen Schlaf und deine Träume. Und jeden Morgen freue ich mich, wenn du aufwachst, deine Augen öffnest und einen neuen Tag begrüßt.

Ich bin froh, dass ich bei dir sein kann. Das werde ich immer sein – und du kannst dich ganz sicher fühlen.«

***

Der Engel hat aufgehört zu sprechen.

Er steht jetzt wieder vor dir und schaut dich mit einem feinen Lächeln an.

Er ist dein Freund.

Ein Freund, der immer bei dir ist.

Er breitet seine Flügel aus, und dein Herz wird ganz weit.

Er sagt: »Erinnere dich manchmal an mich, auch wenn du mich nicht siehst. Erinnere dich an mich, wenn du besonders glücklich bist oder wenn du mal traurig oder wütend bist. Denk daran, dass ich immer bei dir bin und dich lieb habe – egal, was passiert.

Vielleicht spürst du manchmal ein zartes Kitzeln an deiner Nase. Vielleicht berührt dich dann gerade eine meiner Federn ... Wer weiß?!«

Der Engel lächelt dich weiter an. Du lächelst auch und dankst ihm für seine Worte. Dann siehst du, wie der Engel langsam unsichtbar wird. Immer weniger kannst du von ihm sehen, aber du spürst ihn immer noch genauso.

***

Nun scheint er ganz verschwunden zu sein.

Aber du hörst noch mal seine Stimme, die ganz nah an deinem Ohr sagt: »Ich bin immer bei dir!«

***

Atme nun noch dreimal tief durch, und öffne dann langsam deine Augen. Willkommen in deiner Welt, in der dein Schutzengel jeden Tag seine unsichtbaren Flügel um dich legt ...

Fröhlich sei dein Tag, fröhlich sei dein Leben!

Unterwegs mit dem Wildpferd

Eine Reise für Ruhe und neue Kraft. Sie ist gut gegen zu viel Grübelei und als Gute-Nacht-Meditation geeignet.

Setze dich ganz entspannt hin. Du kannst auf einem Stuhl oder einem Sessel sitzen oder im Schneidersitz auf dem Boden – ganz so, wie es für dich bequem ist. Wenn du magst, kannst du dich auch hinlegen.

Mache es dir richtig gemütlich.

Atme jetzt dreimal tief ein und aus. Spüre dabei, wie die Luft durch deine Nase, durch deine Brust bis in deinen Bauch und wieder zurückströmt. Vielleicht kitzelt es ein bisschen an deiner Nase, vielleicht merkst du, wie deine Bauchdecke sich mit jedem Atemzug hebt und senkt. Achte einfach mal darauf, wie sich das anfühlt.

***

Wenn du jetzt ganz normal weiteratmest, wirst du ganz ruhig.

Horch mal: Da ist es ganz still in dir! Nur dein Atem, der ganz ruhig hin- und herfließt ...

***

Nun lasse dich langsam in die Welt deiner Fantasie sinken. Stelle dir vor, wie du an einem wunderschönen Strand sitzt.

Die Wellen plätschern, und der blaue Himmel über dir strahlt vor Sonnenlicht. Hinter dir ist eine Klippe, vor dir sind ein breiter Sandstreifen und das weite Meer, das in der Sonne glitzert. Ein leichter Wind weht dir vom Meer entgegen, und die Luft schmeckt ein kleines bisschen salzig.

Genieße diese Zeit! Lasse einfach alles auf dich wirken. Fühle mit deiner Hand den von der Sonne erwärmten Sand, und schaue dabei aufs Meer. Atme tief ein, und spüre dabei, wie gut dir die frische Luft tut.

***

Plötzlich hörst du ein Donnern in der Ferne. Was kann das nur sein?

Du stehst auf und schaust dich um ...

Es scheint immer näher zu kommen – und dann siehst du es: Ein großes schwarzes Wildpferd galoppiert über den Strand auf dich zu. Ein stolzes und wildes Tier mit glänzendem Fell und langer Mähne. Es rennt so nah am Rand des Wassers entlang, dass es bei jedem Schritt kleine Fontänen in die Luft schleudert. Du merkst sofort, was für einen großen Spaß es dabei hat.

Nun ist es schon ganz nah und wird langsamer, verfällt in Trab und dann in Schritt. Dann bleibt es schnaubend und leise wiehernd vor dir stehen.

Zwischen seinen warmen braunen Augen hat es eine schmale weiße Blesse. Es geht noch einen Schritt auf dich zu und steht nun direkt vor dir.

Es beugt seinen Kopf herab und legt seine Stirn an deine.

»Du bist sicher __________ *(Name des Kindes)*, oder?!«, fragt es dann. »Ich habe gewusst, dass du heute an den Strand kommst. Da bin ich gleich losgelaufen, denn ich weiß, dass du ein/e Freund/in der Tiere bist. Deshalb möchte ich dich einladen. Ich möchte dir etwas ganz Besonderes zeigen. Steig auf meinen Rücken, ich trage dich!«

Ganz leicht springst du auf den breiten Rücken des Wildpferds. Du brauchst keinen Sattel, kein Zaumzeug. Du kannst dich einfach an seiner Mähne festhalten, als das große Pferd lostrabt und mit dir den Strand entlangläuft.

»Ich möchte dich zwei Freunden vorstellen«, sagt das Pferd. »Eine Freundin ist gleich dort vorn.«

Am Strand siehst du ein altes Ruderboot, das umgedreht, mit dem Kiel nach oben, im Sand liegt. Im Schatten des Bootes liegt eine grau getigerte Katze, die sich dort gemütlich zusammengerollt hat.

»Hallo, da seid ihr beiden ja«, sagt die Katze. »Ich habe euch schon erwartet. Lauft hinter mir her, dann holen wir noch unseren anderen Freund ab und zeigen __________ *(Name des Kindes)* ... Na ja, das sehen wir ja gleich ...«

Das Pferd trabt nun hinter der Katze her, die geschmeidig vorwegläuft. Sie läuft quer über den Strand zum Rand der Klippe, wo sich ein Weg befindet, der in einer Schlangenlinie nach oben führt. Die Katze springt behände voraus, und das Pferd folgt vorsichtig, langsam einen Huf vor den anderen setzend, während du dich weiter an seiner Mähne festhältst.

***

Oben angekommen, steht ihr auf einer großen Wiese. In einiger Entfernung seht ihr unter einer großen Eiche eine kleine Holzhütte, und davor liegt ein Hund mit kurzem, etwas struppigem, rotbraunem Fell. Er hebt den Kopf und sagt mit tiefer Stimme: »Ah, schön, dass ihr da seid. Nun können wir zu dritt __________ *(Name des Kindes)* begleiten.«

Du wunderst dich, wo es wohl hingehen mag, aber du weißt auch, dass diese Tiere deine Freunde sind und nur dein Bestes wollen. Voller Vertrauen sitzt du auf dem warmen, breiten Rücken des Pferdes und lässt dich weitertragen, während der Hund und die Katze nun gemeinsam vorlaufen.

Das Geräusch des Meeres wird immer leiser, während ihr euch vom Strand und der Klippe entfernt. Immer mehr Büsche und Bäume wachsen nun hier, und das Schaukeln des Pferderückens macht dich langsam müde.

Nun betretet ihr gemeinsam einen Wald, durch den sich ein schmaler Pfad schlängelt. Ab und an musst du dich unter Zweigen hinwegbeugen, doch die meiste Zeit genießt du einfach deine Reise. Hier und dort siehst du ein Eichhörnchen, das einen Baum hinauf- oder hinunterflitzt – einmal siehst du sogar ein Reh mit einem kleinen Kitz, das hinter einem Baum hervorschaut.

Der Pfad führt auf eine Lichtung, die malerisch von hohen Bäumen umgeben ist. Genau in der Mitte der Lichtung haltet ihr an, und du lässt dich vom Rücken des Pferdes gleiten.

Die Luft ist hier warm und duftet nach Blumen und Bäumen. Es ist still – nur ab und zu hörst du leise einen Vogel zwitschern. Eine dicke Hummel fliegt träge summend vorbei. Die Sonne ist inzwischen tiefer gesunken, und über der Lichtung liegt ein feiner Zauber.

Du setzt dich in die Mitte der Wiese und spürst sofort: Dies ist dein Ort, dein Kraftplatz.

Hier kannst du dich ganz zu Hause fühlen.

Leise sagt die Katze: »Du spürst es, nicht wahr?! Dieser Ort hat schon immer auf dich gewartet. Hier kannst du ausruhen und neue Kraft finden. Genauso geht es mir im Schatten unter dem Boot: Dort liege ich und höre meinem eigenen Schnurren zu. Ich weiß ganz genau, dass ich dort hingehöre, dass ich dort sicher bin und dass meine Freunde nicht weit sind.«

Der Hund fügt hinzu: »Vor meiner Hütte ist die Luft immer lau und duftet nach allen Dingen, die ich mag. Ich schließe meine Augen und bin einfach nur da. Ich muss über nichts nachdenken, über nichts grübeln, mich über nichts ärgern. Alles ist gut, so, wie es ist. Und hier ist dein Platz, an dem du ganz ruhig werden kannst und weißt, dass deine Freunde immer in der Nähe sind.«

Leise schnaubt das Pferd: »Schau einmal an das Halsband vom Hund. Dort hängt etwas für dich.«

Und tatsächlich: Als du dir das Halsband anschaust, siehst du dort eine kleine aus Holz geschnitzte Tierfigur. Nimm sie ab, und halte sie in deinen Händen. Kannst du erkennen, welches Tier die kleine Figur darstellt?

***

Das Wildpferd wiehert und sagt dann: »Das ist ein Geschenk der Tiere und des großen Geistes. Das Geschenk kommt von Herzen und ist für dein Herz bestimmt.«

Jetzt siehst du, wie die kleine Figur zu leuchten beginnt. Wie eine kleine Sonne liegt sie in deiner Hand und strahlt. Sie leuchtet immer mehr, und du merkst, dass dein Herz der Ort ist, an dem sie wohnen möchte. Du führst beide Hände zu deinem Herzen, und die leuchtende Tierfigur schmilzt und taucht in dein Herz hinein. Das Leuchten versinkt in deiner Brust, und du spürst ein wohlig warmes Gefühl, das dich erfüllt.

Das Geschenk der Tiere lebt nun in deinem Herzen.

Du bist nun richtig müde geworden, und auch der Hund gähnt. Du streckst dich auf der warmen Wiese aus, und die Katze klettert auf deinen Bauch und rollt sich dort zusammen.

Du lächelst, als auch der Hund sich ganz nah neben dich legt. Das Pferd lässt den Kopf sinken und schnaubt entspannt. Alles ist ganz warm und wohlig.

Die Katze schnurrt, und der Hund sagt: »Dieses leuchtende Geschenk wirst du nun immer in dir tragen. Es begleitet dich, wo immer du auch bist. Wenn du einschläfst, wird es dich in deinen Träumen treffen, und immer, wenn du tagsüber an es denkst, wird es bei dir sein und dich beschützen. Du musst nur die Augen schließen und dreimal tief ein- und ausatmen.

Wenn du uns öfter auf dieser Wiese triffst, bringe ich dir vielleicht manchmal eine andere Tierfigur mit, die du in dein Herz nimmst. Alle diese Geschenke werden in dir wachsen und dich mit ihrem Leuchten und ihrer Wärme erfüllen.«

Dein Körper ist nun ganz müde, deine Augenlider, deine Arme und deine Beine sind ganz schwer. Atme ein und aus, ein und aus.

Die Tiere schlafen schon ganz nah bei dir. Das Leuchten in dir begleitet deine Träume.

Schlafe nun gut.
Schlafe tief und fest.
Alle Tiere sind bei dir und halten dich warm.

Gesegnet sei deine Nacht, gesegnet dein neuer Tag!

Die Reise zu den Drachen

Die Begegnung mit den Drachen hilft, neue Freundschaften zu schließen und sich in eine große Gemeinschaft eingebunden zu fühlen. Sie unterstützt das Gefühl, nie allein zu sein, sondern umgeben von lauter lieben Wesen, die einem alle nur das Beste wünschen. Diese Meditation schenkt auch Kraft und gibt Kindern das Gefühl, wichtig zu sein, gehört zu werden und etwas verändern zu können.

Hast du heute Lust auf einen wirklich außergewöhnlichen Ausflug? Möchtest du neue Freunde kennenlernen?

Dann atme jetzt dreimal tief durch, setze oder lege dich bequem hin, und gehe in Gedanken einmal durch deinen ganzen Körper. Das ist eine gute Vorbereitung für eine Reise. Spüre in deine Füße, deine Beine, dein Becken, deinen Rücken, deinen Bauch, deine Brust, deine Schultern, deinen Nacken, deine Arme und deine Hände, deinen Kopf und dein Gesicht.

Werde ganz ruhig, denn so kannst du Kraft für eine weite Reise sammeln!

***

Nun stelle dir vor, wie du auf einem grünen Hügel stehst. Vor dir erstreckt sich eine weite, grasbewachsene Ebene, die bis zu den Bergen am Horizont reicht. Das Gras ist lang und wiegt sich im Wind – fast sieht es aus wie ein Meer mit Wellen aus Gras.

Es sieht wunderschön aus, und du kannst es dir gern noch ein paar Momente ansehen ...

***

Die Berge in der Ferne sind blau und grau, ihre Gipfel weiß vom Schnee. Die würdest du dir gern mal aus der Nähe ansehen. Warum auch nicht?! Wenn du doch schon hier bist ... Los geht's!

Du gehst den Hügel hinab und machst dich auf den Weg in Richtung der Berge. Das Gras reicht dir bis über deine Knie. Sachte wogt es im Wind hin und her.

Da hörst du plötzlich etwas! Ein Rascheln. Und da ... Da sind doch zwei graue Ohren im Gras! Vorsichtig gehst du auf die Ohren zu.

Und jetzt kannst du es erkennen: Da sitzt ein kleiner Wolfswelpe im Gras! Neugierig schaut er dich an. Ganz vorsichtig kniest du dich vor ihn und streichelst ihn sanft hinter seinen Ohren, was er sehr zu mögen scheint. Sage ihm deinen Namen, vielleicht verrät er dir auch seinen ...

***

»Bist du auch eingeladen?«, fragt er dich dann. Leider hast du nicht die geringste Ahnung, wovon er spricht.

»Na, zum Treffen an den Bergen!«, klärt er dich auf. »Bestimmt bist du auch eingeladen, sonst wärest du ja nicht hier. Vielleicht können wir ja zusammen dorthin gehen. Was meinst du?«

Du nickst, und gemeinsam geht ihr nun weiter auf die Berge zu.

»Ich bin froh, dass ich dich getroffen habe«, meint der kleine Wolf. »Ich hatte nämlich ein bisschen Angst, so ganz allein unterwegs zu sein. Von jeder Art darf ja nur einer kommen, aber das weißt du ja sicher ...«

Hm, leider weißt du immer noch nicht, wovon genau der kleine Wolf spricht, aber aus ihm ist auch nicht viel mehr herauszubekommen. Andererseits ist es so schön hier in diesem Grasmeer, und es ist so lustig, dem kleinen Wolf zuzusehen, wie er neben dir durch die grünen Halme hüpft, dass du dich einfach freust, unterwegs zu sein.

Immer weiter geht ihr zusammen, und der Wolf erzählt ein bisschen von seiner Familie, von seinen Freunden und von den Dingen, mit denen er am liebsten spielt.

Die Zeit vergeht wie im Flug an diesem schönen Tag – und ehe du dich versiehst, sind die Berge schon ganz nah.

»Da ist der Durchgang«, sagt der kleine Wolf und zeigt mit seiner Pfote auf einen schmalen Pass zwischen zwei Felsen. »Dahinter ist das verborgene Tal, in dem wir uns treffen.«

Ihr geht zwischen den Felsen hindurch, ein schmaler Pfad, der links und rechts von hohen Felswänden umgeben ist. Der Weg schlängelt sich immer weiter, bis er plötzlich in ein kleines, grünes Tal führt. Du staunst. Nicht nur, weil du hier nie ein solches Tal vermutet hättest, sondern vor allen Dingen wegen der vielen, vielen Tiere, die sich hier versammelt haben. Wenn du genau hinsiehst, stellst du fest, dass es lauter Tierkinder sind: Du siehst einen kleinen Fuchs, einen Dachs, einen winzigen Uhu, der auf der Erde herumhüpft, ein Rehkitz, ein Wildkatzenbaby, einen kleinen Luchs, einen kleinen Elch, der noch gar kein Geweih hat, ein herumflitzendes Wiesel, ein kleines gestreiftes Wildschwein, ein Minieichhörnchen, einen verspielten Bären und noch viele, viele andere Tierkinder. Welche kannst du noch entdecken?

***

Alle reden aufgeregt durcheinander – ein großes Gemurmel.

Du strahlst den kleinen Wolf neben dir an ... So eine tolle Versammlung hättest du nicht erwartet. Von allen Tierarten der Umgebung ist hier ein Kind vertreten.

Du schaust dich noch immer um und entdeckst immer weitere Tiere, als plötzlich ein großer Gong ertönt. Ein mächtiger Klang, der von den umliegenden Bergen als Echo zurückgeworfen wird. Alle Tierkinder hören auf zu plappern und werden ganz still.

Dann tauchen am Rand des Tales auf einer flachen Felsplatte zwei Drachen auf. Riesengroß sind sie, der eine golden und der andere grün. Der Drachenkönig und die Drachenkönigin, das weißt du sofort!

»Willkommen zu unserer Versammlung«, sagt die Drachenkönigin mit der schönsten und sanftesten Stimme, die du je gehört hast. Obwohl sie sehr leise redet, ist sie doch überall gut zu verstehen. Alle Tierkinder lauschen gebannt ihren Worten.

»Der Drachenkönig und ich haben euch eingeladen, weil wir euch bitten möchten, eine wichtige Aufgabe zu übernehmen. Manche von euch haben die Einladung von ihren Eltern vorgelesen bekommen, manche haben Zeichen am Wegrand gefunden, manche hatten einfach nur ein unbestimmtes Gefühl, dass sie sich auf den Weg zu unseren Bergen machen sollten. Nun seid ihr alle da: von jeder Art ein Kind. Ihr vertretet die Luchse, die Rehe, die Wildschweine, die Dachse, die Adler, die Fasane, die Eichhörnchen, die Menschen, die Wölfe und noch viele, viele andere Tiere. Alle seid ihr gekommen, und schon dafür gebührt euch unser Dank! Auch unser Kind ist hier als Vertreter unserer Art, der Drachen.«

Jetzt erst siehst du den kleinen braun-roten Drachen, der zwischen seinen riesigen Eltern steht und nun von der Felsplatte herunterkrabbelt, um sich zu den anderen Tierkindern zu gesellen.

»Alle sind versammelt«, wendet sich nun der Drachenkönig an euch. »Alle sind zusammengekommen wegen einer wichtigen Sache, die die Zukunft unserer gemeinsamen Welt betrifft.«

Alle Tierkinder schauen sich um und fragen sich, was diese wichtige Sache wohl sein könnte. Können denn Kinder überhaupt etwas in der Welt bewegen?

Der Drachenkönig fährt mit seiner majestätischen Stimme fort: »Ihr Kinder von so unterschiedlichen Arten könnt etwas tun, was die Generationen vor euch nicht geschafft haben: Ihr könnt ... FREUNDE WERDEN!

Das ist das Wichtige, was ihr tun könnt und wozu ihr auch bereit seid: Freunde werden und Freunde bleiben! Ihr könnt gemeinsam unsere Welt bewohnen, euch alles miteinander teilen und euch gegenseitig helfen und euch unterstützen. Ihr könnt euch die Hände und Pfoten und Tatzen und Flügel reichen und als Freunde leben.«

Ein Raunen geht durch die Tierkinder. Natürlich, das macht ihr! Ihr mögt euch doch alle! Ihr schaut euch an und bildet dann einen großen Kreis. Wie es der Drache gesagt hat, reicht ihr euch Hände und Pfoten und Tatzen und Flügel. So steht ihr in einem Kreis, ein Kind von jeder Art, Freunde für immer!

Vom kleinen Drachen, der natürlich auch mit euch im Kreis steht, geht nun ein feines Leuchten aus. Es beginnt an seinem Herzen, breitet sich über die Arme aus, fließt in seine Hände und geht zu den Tierkindern neben ihm über. So breitet sich das Leuchten immer weiter aus, bis der ganze Kreis durch dieses Leuchten verbunden ist und auch du es durch deine Hände, durch deine Arme und schließlich durch dein Herz fließen spürst.

Merkst du, wie die Kraft der Freundschaft euch alle miteinander verbindet?

***

Ganz langsam wird das Leuchten nun schwächer, aber das Gefühl der Verbundenheit bleibt. Ihr lasst einander los, senkt eure Hände, Pfoten, Tatzen und Flügel wieder. Eine Weile steht ihr noch still so im Kreis, blickt in die Runde und schaut euch gegenseitig an.

***

Jetzt erhebt die Drachenkönigin wieder das Wort: »Es ist so schön, euch alle so freundschaftlich verbunden zu sehen. Dieser Kreis, in dem ihr gerade steht, wird für immer Bestand haben. Ihr seid Freunde. Lebt diese Freundschaft, so gut ihr könnt, wenn ihr wieder zurück in eurem Zuhause und bei euren Familien seid. Ihr Kinder seid die Zukunft unserer Welt – und es wäre schön, wenn diese Zukunft aus echter Freundschaft bestehen würde. Verabschiedet euch nun, und kehrt zurück. Und lasst mich nur noch dieses eine sagen: DANKE! Danke, dass ihr zu dieser Versammlung gekommen seid!«

Nun herrscht überall ein großes Drücken und Herzen zwischen den Tierkindern. Pfote schüttelt Tatze, Hand schüttelt Flügel und so weiter.

Dann machst du dich gemeinsam mit dem kleinen Wolf auf den Rückweg durch die Felsen. Ihr betretet das Grasmeer und geht langsam zurück. Ab und an schaut ihr euch gegenseitig in die Augen und lacht. Dann hüpft der kleine Wolf auch wieder herum. Ihr wandert durch das hohe Gras, bis ihr wieder bei dem Hügel angekommen seid, von wo du zu dieser Reise aufgebrochen bist.

Du kniest dich vor dem kleinen Wolf hin und drückst ihn noch einmal. Er leckt dir zum Abschied einmal quer übers Gesicht. Dann rennt er los, zurück durchs Grasmeer, zurück zu seiner Familie. Und auch für dich ist es jetzt Zeit, zurückzukehren ...

Strecke dich ein bisschen, wenn du magst, atme einmal tief durch, und öffne dann langsam deine Augen.

Möge dein Leben reich an Freundschaft sein!
Mögest du glücklich sein!

Ein Besuch bei der Schildkröte

In der Ruhe liegt die Kraft. Dies ist ein Loblied auf die Langsamkeit und das achtsame Leben. Die Reise eignet sich daher gut für hektische, unruhige und ungeduldige Kinder. Sie schenkt Sicherheit und Geborgenheit.

Setze dich ganz bequem hin. Mache es dir gemütlich. Du kannst auf einem Stuhl sitzen oder im Schneidersitz auf dem Boden. Du kannst dich irgendwo anlehnen, dich ankuscheln oder dich auch hinlegen, wenn du magst.

Ganz so, wie du dich am wohlsten fühlst.

Schließe nun deine Augen, und atme dreimal ganz tief durch.

***

Die Luft strömt durch deine Nase, durch deine Brust bis in deinen Bauch und dann wieder zurück. Kannst du das spüren? Merkst du, wie dein Bauch sich bei jedem Atemzug hebt und senkt?

Mache noch einen tiefen Atemzug, und stelle dir dann vor, wie du durch ein sonniges Tal wanderst.

Schaue dir das trockene Gras unter deinen Füßen an, die dürren Sträucher am Wegrand, die vereinzelten Felsen und Steine, die ganz warm von der Sonne sind ...

***

Über dir ist der klare Himmel – nur ein paar kleine weiße Wolkenfetzen ziehen gemächlich durch das weite Blau, während du weiterwanderst und die Gegend erkundest.
Du hast alle Zeit der Welt ... Schaue dich in Ruhe um ...

***

Du spürst die Sonne warm auf deinem Gesicht, du spürst deinen Atem und deine Schritte – und du fühlst dich rundum wohl. Ganz leicht ist dir zumute und – wenn du ehrlich bist – auch ein klein wenig schläfrig.
»Mach doch ruhig mal eine Pause!«, hörst du da plötzlich jemanden sagen.
Du schaust dich um, aber du kannst niemanden entdecken ... Jetzt sagt die Stimme deinen Namen und noch einmal: »Mach doch eine Pause!«

Wer spricht denn da?
Du schaust dich wieder um – und da ...! Zwischen ein paar sandfarbenen Steinen schaut eine kleine Schildkröte hervor. Etwas mühsam kriecht sie weiter unter den Steinen hervor, reckt ihren faltigen Hals und schielt zu dir hinauf. Du bist ja wirklich viel größer als sie ... Setz dich doch einfach! Das ist viel bequemer. Nicht nur für dich, sondern auch für die kleine Schildkröte.
Ja ... So ist es viel besser!

***

Jetzt kann dich die Schildkröte richtig anschauen. Mit ihren freundlichen Augen blickt sie in dein Gesicht und schenkt dir ein warmes Lächeln ...

Und sie freut sich sehr, wenn du ihr auch ein Lächeln schenkst, denn Schildkröten sind sehr friedliche, höfliche und freundliche Tiere ...

***

»Schön, dass du dich zu mir setzt«, sagt sie nun. »So eine Pause ist doch eine gute Sache. Wir Schildkröten machen viele Pausen, und wir sind auch sonst nicht die Allerschnellsten. Wir haben viel Zeit. Wenn du hier mit mir sitzt, wirst du merken, wie gut dir das tut. Bleib einfach eine Weile hier sitzen, und schau dir ganz genau meinen Panzer an ... Sieh dir die Furchen an, die grünen, ockerfarbenen, dunkelbraunen und schwarzen Stellen – das Muster, das sie ergeben ...

Ich bin ein Teil dieser Erde, und ich sehe aus wie die Erde! Schau ganz genau hin ...«

***

Die Schildkröte lächelt und zwinkert dir zu, während du sie betrachtest. Du musst leise lachen ... Eine zwinkernde Schildkröte – das sieht wirklich zu lustig aus ...

Jetzt spricht sie wieder: »Mein Panzer ist mein Zuhause, das ich immer dabeihabe. Wenn ich Ruhe brauche, ziehe ich mich einfach zurück, achte auf meinen Atem und fühle die Erde unter mir. Alles, was ich brauche, ist immer für mich da. So ist das übrigens auch für dich! Du hast zwar keinen Panzer, aber du kannst genau wie ich kurz die Augen zumachen und auf deinen Atem achten. Die Erde trägt dich, und du bist in deinem Körper zu Hause. Du wirst merken, wie gut dir das tut. Egal, ob dich jemand geärgert hat oder ob du aufgeregt bist, ob du Angst hast oder abends nicht einschlafen kannst – wenn du die Augen schließt und ein paar tiefe Atemzüge nimmst, kannst du dich immer zu Hause, immer sicher, geborgen und getragen fühlen.

Lass uns das gleich mal zusammen üben: Nimm noch mal drei tiefe Atemzüge wie zu Beginn deiner Reise ...«

***

»Siehst du«, sagt die Schildkröte, »jetzt bist du ganz ruhig. Unter dir die Erde, über dir der Himmel. Alles, was du brauchst, ist da. Und alles ist gut. Du weißt, dass für dich gesorgt ist, und du weißt, dass du überall zu Hause sein kannst. In dir, in deinem Herzen ist der allerbeste und allerschönste Ort.

So, und nun lass uns ein Stück gehen ...«

Langsam stehst du auf, und die Schildkröte setzt sich in Bewegung. Mit ihren dicken, grünen Beinen krabbelt sie vorwärts – und wie sie vorhin schon sagte, ist sie wirklich nicht die Allerschnellste ...

Also setzt du ganz langsam einen Fuß vor den anderen, damit sie mit dir Schritt halten kann.

So hast du beim Gehen viel Zeit, dich umzusehen: Du siehst die Blätter und die Beeren an den Sträuchern, kleine Insekten und Schmetterlinge, die in der Luft umherschwirren und -segeln, vielleicht den einen oder anderen Hasen, der davonhoppelt, Berge in weiter Ferne, hier und dort einen alten, knorrigen Baum – und natürlich die kleine Schildkröte, die langsam aber unermüdlich neben dir herläuft.

***

Du hast es nicht eilig, kannst herumtrödeln, solange du willst, denn die Schildkröte ist die Königin aller großartigen Herumtrödler, und sie wird dir bestimmt nicht sagen, dass du dich bei irgendetwas beeilen sollst.

Ganz im Gegenteil: Die Schildkröte ist gern langsam ...

Und sie erklärt dir auch, warum. Sie sagt: »Du kannst natürlich viel schneller laufen als ich, so viel ist klar. Und manchmal ist das auch gut, zu rennen und herumzurasen. Das macht Spaß, und man kann dabei lachen, bis einem der Bauch wehtut. Aber ich lasse es lieber langsam angehen, weil ich mir gern alles ganz genau ansehe. Ich weiß, dass ich trotzdem ans Ziel komme, ganz egal, wie lange es dauert. Manchmal ist es gut, langsam zu sein, denn dann kann man sich nicht so schnell verlaufen. Man sieht den Weg vor sich und weiß ganz genau, wohin man möchte. Und man kann noch Dinge angucken, die am Wegrand liegen, wie schöne Tannenzapfen oder komisch geformte Zweige und bunte Steinchen. So viele schöne Sachen, die man sonst vielleicht gar nicht bemerkt.

Wer so langsam ist wie ich, der sieht alles mit anderen Augen. Ich habe viel Zeit für meine Freunde, für Sachen, mit denen ich spielen möchte, oder für die Dinge, die ich am liebsten esse. Ich kaue meine Salatblätter ganz gründlich und lange, bevor ich sie hinunterschlucke. Da merke ich erst richtig, wie lecker die sind!

Wenn du es das nächste Mal eilig hast – wenn du schnell mit dem Essen oder deinen Hausaufgaben fertig werden willst, damit du spielen gehen kannst –, dann denk doch an mich. An die langsame kleine Schildkröte, die sich gar nicht beeilen kann – und die trotzdem alles tut, was ihr Spaß macht.

Apropos Spaß: Ich glaube, ich brauche mal wieder eine kleine Pause. Setzt du dich noch mal zu mir?«

Wieder musst du ein bisschen schmunzeln, weil ihr ja nur ein paar Meter gegangen seid, aber die Schildkröte hat so nett gefragt, dass du dich gern zu ihr auf den Boden setzt.

»Wir sind genau an der richtigen Stelle«, sagt sie jetzt. »Sieh mal dort, dieser kleine grüne Stein ... Hier wollte ich dich hinführen, denn er ist mein Geschenk an dich! Heb ihn ruhig auf ...«

Vorsichtig beugst du dich im Sitzen vor und greifst den kleinen Stein, der genau in deine Handfläche passt und der grün und golden im Sonnenlicht schimmert. Vielleicht siehst du in seinem Schimmern noch etwas anderes ... Vielleicht ein Muster? Oder ein anderes Bild? Nimm dir ruhig die Zeit, genau hinzuschauen – du und die Schildkröte, ihr habt es ja nicht eilig ... Siehst du etwas in dem Stein?

***

»Halt ihn jetzt einfach mal vor deinen Bauch«, sagt die Schildkröte. »Das ist ein Ruhestein, weißt du?! Davon gibt es nicht sehr viele, und nur Schildkröten können sie finden.«

Du legst den Stein auf deine offene Handfläche und hältst ihn vor deinen Bauch, ungefähr da, wo dein Bauchnabel ist. Das Schimmern des Steines wird nun stärker, und je mehr er schimmert und strahlt, desto wärmer und weicher wird dein Bauch. Du wirst ganz ruhig und fühlst dich mit jedem Atemzug wohler. Immer heller leuchtet der Stein, und dann ist er plötzlich verschwunden. Aber das wohlige, warme Gefühl in deinem Bauch bleibt.

Du lächelst wie die Schildkröte.

»Zu Hause«, sagt sie. »Zu Hause in dir selbst, zu Hause in deinem Atem. Zu Hause auf der Erde, zu Hause unter dem Himmel. Langsam, ruhig, warm und weich.«

***

»Nun ist unsere gemeinsame Reise für heute zu Ende«, meint die Schildkröte. »Ich habe dir viel beigebracht. Und du hast gut aufgepasst und viel gelernt. Du bist ein ganz toller Schüler! Ich hoffe, wir sehen uns bald wieder. Und wenn du mal eine andere Schildkröte triffst, dann lächle und zwinkere ihr zu. Wir mögen das!«

Du bedankst dich bei der kleinen Schildkröte, zwinkerst, lächelst und streichelst ihr über den Kopf. Wohlig schließt sie die Augen und schmatzt ein bisschen vor sich hin.

Dann beginnt sie, sich wie Nebel aufzulösen, genau wie die Landschaft um dich herum. Die Farben werden blasser, die Schildkröte, die Sträucher und die Bäume, die Steine und die Felsen, das Gras und die anderen Tiere verschwinden langsam ...

Du und dein Atem bleiben.

***

Atme nun noch dreimal tief durch, und öffne dann langsam deine Augen. Willkommen in deiner Welt, in der Schildkröten das Geheimnis der Ruhe lehren und dir zeigen, dass du immer und überall zu Hause bist.

Fröhlich sei dein Tag, fröhlich sei dein Leben!

Der Weg durch den Dschungel

Diese Reise zeigt, wie Hindernisse überwunden werden können, und hilft dabei, nicht aufzugeben, nicht gleich zu verzweifeln, wenn mal etwas nicht auf Anhieb klappt, gelassen und geschmeidig zu werden und zu bleiben, im Fluss zu sein. Sie unterstützt Kinder, achtsam zu schauen und wohlüberlegt zu handeln.

Bist du bereit für ein Abenteuer? Wie wäre es mit einer kleinen Expedition in den Dschungel?

Wie alle großen Forscher musst du dich aber erst vorbereiten und deine Ausrüstung überprüfen. Auch wenn du bei unserem Abenteuer keinen Tropenhelm und kein Buschmesser brauchst, ist es wichtig, dass du genau weißt, was du vorhast und was dein Ziel ist. In dem Dschungel, in den wir gleich reisen werden, gibt es einen alten, verfallenen Tempel, der schon seit tausend Jahren dort steht und mittlerweile fast vollkommen von Pflanzen überwuchert ist. Dort lebt laut einer Legende ein alter Orang-Utan, der für seine Weisheit berühmt ist. Den wollen wir besuchen!

Aber wie gesagt, bevor wir losziehen, erst einmal etwas Vorbereitung. Du kennst das vielleicht schon, dass wir uns vor einer inneren Reise auf unseren Atem konzentrieren ...

Setze oder lege dich also bequem hin, und atme dreimal ganz tief und langsam durch. Das macht deinen Geist ruhig, sodass du besser reisen kannst. Entspanne deinen Körper, von den Füßen über die Beine, den Rücken, den Bauch und die Brust, die Schultern, deine Arme und deine Hände, deinen Kopf, dein Gesicht. Alles wird ganz entspannt. Dein Atem geht jetzt ruhig, und du kannst ihn einfach ein paar Momente beobachten.

***

Jetzt bist du so weit! Es kann losgehen ...

Stelle dir nun vor, wie du am Ufer eines Flusses mitten im Dschungel stehst. Der Fluss fließt träge dahin, nur an manchen Stellen kräuselt sich das Wasser, wo große Steine liegen. Bis dicht ans Ufer stehen die Bäume, manche Äste und Wurzeln reichen ins Wasser, überall sind Lianen zu sehen. Fremdartige, bunte Blumen wachsen auf dem Boden und auch auf den Stämmen und Ästen der Bäume. Du siehst kleine Affen mit schwarz-weiß geringelten Schwänzen umherspringen und hörst sie laut rufen; du siehst quietschbunte Vögel herumfliegen und hörst ihr Piepen und Singen, während große Frösche ein Quakkonzert geben.

Hier ist wirklich eine Menge los. Geräusche, die du noch nie gehört hast, und Tiere, die du noch nie gesehen hast. Ganz schön aufregend ...

Als Erstes musst du nun einen Weg über den Fluss finden, denn der verborgene Tempel befindet sich auf der anderen Seite. Du schaust links und rechts den Fluss entlang, um einen Übergang zu entdecken, aber außer ein paar Steinen im Wasser kannst du nichts sehen.

Da hüpft plötzlich ein kleiner blau-roter Frosch vor deinen Füßen auf und ab. Offenbar möchte er dir etwas zeigen ...

Du folgst ihm, als er flussabwärts hüpft, und gelangst zu einer Reihe von Steinen und Baumstämmen, die im Wasser liegen. Sogleich beginnt der Frosch, von einem Stein zum anderen, von dort auf die Baumstämme und von dort ans andere Ufer zu hüpfen. Das kannst du sicher auch. Mutig springst du auf den ersten Stein, von dort auf den zweiten, auf den dritten ... Manchmal wackelst du etwas, aber du fällst nicht ins Wasser. Jetzt auf die Baumstämme – und noch ein großer letzter Sprung ... Schon stehst du am anderen Ufer. Das hast du prima gemacht!

Aber kaum hast du das eine Hindernis, den Fluss, überwunden, stehst du auch schon vor einem neuen: Die Bäume und Lianen, die Farne, Büsche und Blumen bilden eine Wand vor dir. Ganz dicht stehen die Äste und Blätter zusammen, und es sieht so aus, als wäre hier kein Durchkommen. Was nun?

Da raschelt es im dichten Gebüsch vor dir, und du siehst zwei bernsteinfarbene Augen, die dich durch die Blätter anschauen. Dann schiebt sich ein großer, goldgelber Kopf mit schwarzen Punkten hervor, gefolgt von einem ebenso gemusterten, muskulösen Körper ... Ein Jaguar!

Er schnurrt wie eine übergroße Hauskatze und reibt seinen Kopf an deinem Bein.

»Du denkst, dass du hier nicht durchkommst?«, fragt er dich. »Glaub mir: Wenn ich mich im Dschungel bewegen kann, dann kannst du das auch ... Folge mir!«

Er dreht sich um und schleicht geschmeidig zwischen die Bäume. Du gehst hinterher, bückst dich hier, machst dort einen großen Schritt, windest dich dann um eine große Wurzel herum, ziehst den Kopf ein, gehst seitlich, krabbelst manchmal sogar auf allen vieren und beobachtest dabei immer den Jaguar, der vor dir herschleicht.

Genau wie er bewegst du dich ganz geschmeidig zwischen den Bäumen und Büschen hindurch. Ihr seid wie Wasser, das um Hindernisse herumfließt. Ganz von selbst offenbart sich der Weg, mit jeder Bewegung, mit jedem Schritt kommst du einfacher voran.

Du merkst jetzt, dass das viel besser funktioniert, als du vorher dachtest.

Immer weiter schleicht ihr durch den Dschungel. Du siehst weitere kleine Affen, bunte Schmetterlinge, ein paar Schlangen und ein paar Eidechsen.

Kannst du noch irgendetwas sehen oder hören?

***

Jetzt bleibt der Jaguar plötzlich stehen. »Wir sind da«, sagt er. »Hier ist der Tempel, den du suchst.« Da siehst du ihn auch: Halb verborgen unter Lianen und Farn, zwischen Bäumen und Büschen liegen die Überreste eines verfallenen Tempels. Umgestürzte Statuen liegen herum, und große, graubraune Steinwürfel sind aufeinandergetürmt. Ganz oben siehst du einen Orang-Utan sitzen. Ganz still sitzt er dort mit gekreuzten Beinen, die Hände im Schoß, die Augen geschlossen. Und jetzt fällt dir auch auf, dass es in diesem Teil des Dschungels viel ruhiger ist. Die Vogelstimmen sind viel sanfter, und auch die Affen kreischen nicht.

»Was macht er da oben?«, fragst du.

»Er meditiert«, antwortet der Jaguar. »Klettere nur hoch zu ihm. Ich wette, er erwartet dich schon. Ich warte hier auf dich.«

Langsam beginnst du, die Steine des alten Tempels emporzuklettern. Manchmal musst du dich ganz schön strecken, aber irgendwie geht es immer weiter. Es ist fast wie ein Klettergerüst auf einem Spielplatz, nur viel besser.

Als du oben angekommen bist, setzt du dich im Schneidersitz vor den Orang-Utan und schaust ihn dir genau an. Sein orangerotes Fell, seine großen Hände, die er im Schoß gefaltet hat, sein ruhiges, friedliches Gesicht, die Haare an seinem Kinn, die aussehen wie ein richtiger Bart …

Jetzt schlägt er die Augen auf und schaut dich an. Er lächelt und freut sich, dass du da bist. Mit seiner sanften Stimme begrüßt er dich: »Willkommen, ____________ *(Name des Kindes)*! Du hast einen beschwerlichen Weg hinter dir. Schön, dass du mich besuchst … Die meisten Tiere und Menschen kommen hierher, weil sie mich etwas fragen wollen. Vielleicht hast du ja auch eine Frage. Wenn ja, dann lass uns einfach eine Weile still hier sitzen und im gleichen Rhythmus atmen. Dann kannst du mir deine Frage in Gedanken stellen, und es wird eine Antwort erscheinen – vielleicht als etwas, was ich in Gedanken zu dir sage, oder als Bild oder kleine Geschichte. Probier es einfach mal aus. Die nächsten Minuten haben wir dafür Zeit …«

Der Orang-Utan schließt wieder seine Augen und atmet ruhig ein … und aus … und ein … und aus … und ein … und aus …

***

Nun macht er seine Augen wieder auf. »Ich hoffe, ich konnte dir eine Antwort auf deine Frage geben«, sagt er. »Obwohl ich glaube, dass du das Wichtigste schon auf dem Weg hierher gelernt hast. Welches Hindernis auch vor dir auftauchte, du konntest es überwinden, weil du genau hingeschaut hast. Du hast den kleinen Frosch beobachtet und konntest so über den Fluss kommen. Dann hast du den Jaguar beobachtet und dich wie er durch den Dschungel geschlichen. Geschmeidig bist du Hindernissen ausgewichen und hast deine Energie nicht darauf verschwendet, gegen irgendetwas anzurennen oder etwas beiseiteschieben zu wollen. Das war sehr klug! Wenn man genau hinsieht, kann man immer eine Lösung finden. Wenn man ruhig bleibt und nicht gleich verzweifelt, wenn mal etwas nicht sofort klappt, kommt die Lösung oft ganz von selbst. Man kann dabei viel von Tieren lernen, wenn man sie genau beobachtet. Du hast heute sehr gut gelernt und das Gelernte gleich angewendet. Der Frosch und der Jaguar waren sehr gute Lehrer. Und du bist ein/e echte/r Meisterschüler/in!«

Der Orang-Utan nickt dir zu und legt eine Hand auf deine Schulter.

Dann sagt er: »Jetzt werde ich weitermeditieren – und du solltest dich wieder auf den Rückweg machen. Wenn du magst, kannst du mich immer wieder besuchen. Du weißt jetzt ja, wo du mich findest. Bis bald also, __________ *(Name des Kindes)*!«

Du bedankst dich beim Orang-Utan, drückst ihn noch mal – Achtung! Manchmal kitzeln Orang-Utans Kinder gern! – und verabschiedest dich dann.

***

Nun kletterst du wieder die Steine des Tempels hinunter, wo der Jaguar auf dich gewartet hat.

Er reibt wieder seinen Kopf an deinem Bein und macht sich dann auf den Rückweg durch den Dschungel. Wie vorhin beobachtest du ihn ganz genau und läufst dort entlang, wo er läuft. Wieder kommst du mühelos durch den Dschungel. Es macht sogar richtig Spaß, so herumzuschleichen.

Am Fluss angekommen, bedankst du dich beim Jaguar und verabschiedest dich von ihm.

***

Der Jaguar verschwindet wieder im dichten Grün des Dschungels, und du schaust dich um, ob du irgendwo den Frosch siehst. Doch da ist niemand zu sehen ... Wahrscheinlich ist der Frosch gerade bei seiner Familie und hat dort etwas zu tun. Aber den Rest des Weges schaffst du auch alleine. Schließlich hast du vorhin gut aufgepasst. Suche jetzt einfach die Stelle am Fluss, wo die Baumstämme und die Steine im Wasser liegen. Und dann hüpfst du hinüber. Ganz sicher kannst du das!

***

Bist du wieder am anderen Ufer angekommen? Prima! Das hast du toll gemacht. Jetzt ist es Zeit, von dieser Reise zurückzukehren. Du hast heute viel vom Frosch, vom Jaguar und vom Orang-Utan gelernt. Auch wenn der Weg versperrt scheint, geht es doch immer irgendwie weiter! Vielleicht kannst du ja heute oder morgen mal durch eure Wohnung oder euer Haus schleichen. Vielleicht kannst du das auch im Garten machen oder im Park oder im Wald. Ganz leise, ganz geschmeidig wie ein Jaguar. Außerdem hast du mit dem Orang-Utan meditiert. Auch das kannst du immer wieder tun – entweder alleine oder indem du in Gedanken den Orang-Utan besuchst. Er freut sich, wenn jemand einfach mit ihm dasitzt und auf den Atem achtet ...

Aber jetzt kannst du erst mal wieder deine Augen öffnen, dich ein wenig recken und strecken – und wieder ganz HIER sein. Willkommen zurück von deinem Abenteuer im Dschungel!

Fröhlich sei dein Tag, fröhlich sei dein Leben!

Das Treffen der Zauberer

Jedes Kind ist wichtig, einzigartig und unersetzbar. Diese Reise weist auf das Wunder des Lebens hin. Sie zeigt die Verwandtschaft mit allem, was ist, und so können die Kinder spüren, dass sie dazugehören. Genau so, wie sie sind.

Hast du schon einmal Geschichten von Zauberern gehört oder gelesen? Spitzer Hut, langer Bart, Sternenmantel, Zauberstab? Erinnerst du dich?

Was hältst du davon, wenn du heute einmal ein paar Zauberer besuchst? Es findet nämlich ein Treffen der Zauberer auf Burg Krähenhall statt – und wenn du willst, kannst du dich gleich auf den Weg machen ...

Aber Moment: Die Reisevorbereitung darfst du natürlich nicht vergessen. Gerade wenn du Zauberer treffen möchtest, solltest du mit einem klaren Geist reisen. Manches, was Zauberer so machen, kann nämlich ein bisschen verwirrend sein, und dann ist es gut, wenn man selbst ruhig und klar bleibt.

Also, jetzt erst mal bequem hinsetzen oder hinlegen, Augen schließen und tief durchatmen. Aber ausnahmsweise nicht dreimal, sondern siebenmal. Sieben ist nämlich eine Zauberzahl.

Eins, zwei, drei, vier, fünf, sechs und sieben ... *(an den Atemrhythmus anpassen)*

Nun kann es endlich losgehen!

Stelle dir vor, wie du am Fuße eines gewaltigen Berges stehst. Hoch ragt dieser dunkle Berg über dir auf – und ganz oben siehst du eine Burg, die sich an den Fels zu klammern scheint. Burg Krähenhall! Jetzt musst du nur noch dort hinaufkommen. Doch das ist einfacher gesagt als getan, denn du kannst nirgendwo einen Weg oder Treppen erkennen. Viele Zauberer können natürlich fliegen, deshalb brauchen sie vielleicht keine Treppen. Du gehst um den Berg herum, um einen Weg zu finden, doch wohin du auch blickst, du kannst überall nur schroffe Felsen erkennen, die du einfach nicht erklettern kannst. Das ist alles viel zu steil.

Nachdem du den Berg einmal umrundet hast und keinen Zugang entdecken konntest, setzt du dich entmutigt ins Gras und überlegst. Hm, wenn du Flügel hättest, könntest du hinauffliegen. Hast du aber nicht. Wenn du klettern könntest wie eine Bergziege, wäre es auch leicht, hinaufzukommen. Kannst du aber nicht. Was nun?

Gerade, als du den Gedanken an eine Bergziege hast, hörst du plötzlich jemanden meckern.

»Mäh mäh«, macht es, und da kommt auch schon eine große, schneeweiße Bergziege auf dich zugelaufen. »Mäh, willst du zur Burg Krähenhall?«, fragt sie. »Ich kann dich hinauftragen, wenn du willst. Ich bin groß genug, dass du auf mir reiten kannst.«

Ganz vorsichtig kletterst du auf den Rücken der Bergziege und hältst dich an ihrem dichten Fell fest. Sie trabt an und springt auf den ersten Felsabsatz. Hoppla, das ist aber ganz schön wackelig. Und schon geht es weiter in die Höhe. Von einem Fels zum nächsten springt die Ziege. Unglaublich, wie trittsicher sie ist. Teilweise sind die Stellen, auf denen sie landet, nur eine Hand breit. Aber die Ziege zögert keine Sekunde. Immer weiter hinauf springt sie, höher und höher. Du musst dich richtig doll festhalten!

Endlich seid ihr oben angekommen. Die Ziege ist noch nicht einmal aus der Puste, obwohl sie bestimmt hundert Meter in die Höhe geklettert ist.

Nun steht ihr vor dem Burgtor, und links daneben ist ein kleines Fenster in der Mauer, aus dem ein grüngesichtiger Gnom herausschaut.

»Was wollt ihr?«, kiekst er.

»Na, was wohl?!«, antwortet die Ziege. »Wir wollen natürlich in die Burg, also mach schon auf, Runkelratz.«

Sie schüttelt mit dem Kopf und flüstert dir zu: »Dieser Gnom nimmt sich selbst ein bisschen zu wichtig, aber eigentlich ist er ganz in Ordnung!«

Knarrend öffnet sich das Burgtor. Der Gnom, der dir ungefähr bis zum Knie reicht, verbeugt sich förmlich und bittet euch hinein. Du staunst, als du durch das Tor gehst und ins Innere der Burg kommst. Überall an den steinernen Wänden wachsen Kristalle, die sanft leuchten und ein gemütliches Licht verbreiten. Gemeinsam mit der Bergziege gehst du durch einige Gänge, einer schöner als der andere, bis ihr einen großen Saal erreicht, in dem sich sechs Zauberer versammelt haben. Alle haben lange, weiße Bärte, etwas unordentlich wirkende Mäntel und komische Hüte. Dazu tragen sie alle einen Zauberstab in der Hand. Aber nicht so kleine, wie du sie vielleicht kennst, sondern richtige große Äste, auf die sie sich stützen und die an der Spitze jeweils einen funkelnden Kristall tragen.

»Wer seid ihr denn?«, schnarrt da einer der Zauberer. Er trägt einen grünen Mantel und einen spitzen, grünen Hut, der überall mit Herbstblättern verziert ist. Auch der Kristall auf seinem Zauberstab leuchtet grün.

»Dieses Kind ist mein persönlicher Gast!«, sagt da die Ziege neben dir. Dann richtet sie sich auf ihren Hinterbeinen auf und verwandelt sich vor deinen Augen in einen ganz in weiß gekleideten, alten Zauberer. Verschmitzt zwinkert er dir mit seinen gütigen Augen zu. Die anderen Zauberer schauen genauso verdutzt wie du, obwohl sie Zauberkunststücke wie die Verwandlung in eine Bergziege ja eigentlich kennen müssten.

»So, so«, sagt einer der anderen Zauberer, »Borin Eisbart hat uns also mal wieder an der Nase herumgeführt.«

Die anderen lachen nun. Borin Eisbart steht noch immer neben dir und stellt dich nun den anderen Zauberern vor: Da gibt es einen rot gekleideten Feuerzauberer, einen blauen Wassermagier, einen Erdmagier, der ganz in braune Gewänder gehüllt ist, den grünen Waldzauberer, einen grauen Steinzauberer, einen Luftzauberer, der fast durchsichtig ist, und Borin Eisbart selbst, den obersten Zauberer, der alle Zauberarten in sich vereint und der nun, nachdem er dir alle Zauberer vorgestellt hat, weiterspricht: »Ich habe dich heute hierhergebracht, weil es dein Wunsch war, echte Zauberer zu treffen. Vielleicht wünschst du dir auch manchmal, zaubern zu können. Vielleicht auch nur ein bisschen. So für den Hausgebrauch, bei schwierigen Hausaufgaben und so weiter ... Das kann ich gut verstehen.

Allerdings möchte ich dir noch etwas viel Besseres zeigen, als zaubern zu können: nämlich, ein Zauber ZU SEIN!«

Die anderen Zauberer nicken zustimmend und bilden dann mit dir und Borin einen Kreis. Gemeinsam murmeln sie einen Zauberspruch, und plötzlich erscheint in der Mitte eures Kreises eine schwarze Kugel, die sich ausdehnt, bis sie die gesamte Mitte des Kreises ausfüllt. In der Kugel kannst du nun einzelne Lichter erkennen, kleine Lichtpunkte überall.

»Das sind die Sterne«, sagt Borin Eisbart.

Langsam kommen die leuchtenden Punkte näher, werden größer, und du kannst nun auch einzelne Planeten erkennen. Da ist auch die blau-grüne Kugel, die du so gut kennst: unsere Erde. Immer näher kommt sie, und nun kannst du einzelne Kontinente erkennen, Küsten, Meere, Länder, Berge und Flüsse. Dein Blick richtet sich auf einen Strand, an den die Meereswellen branden. Aus einer dieser Wellen krabbelt ein merkwürdiges Wesen an Land: Es sieht fast wie ein Fisch aus, hat aber vorne am Körper zwei Beine, mit denen es sich an den Strand zieht. Es krabbelt weiter, und du siehst, wie es sich verwandelt: Aus dem Fisch mit Beinen wird eine richtige Eidechse, dann so etwas Ähnliches wie eine kleine Maus, dann ein kleiner Affe, der auf die Bäume klettert und sich von Ast zu Ast schwingt. Das Wesen verwandelt sich immer weiter, wird zu einem großen Menschenaffen, klettert dann irgendwann wieder von den Bäumen herunter, richtet sich auf und geht schließlich als Mensch durch eine sonnige Grassteppe. Du siehst, dass dieser Mensch eine Frau ist. Eine schwangere Frau. Und im nächsten Moment hat sie ein Baby im Arm. Du kannst zusehen, wie schnell das Baby wächst, anfängt zu krabbeln, dann auf seinen kleinen Beinchen steht, die ersten Schritte macht, anfängt zu sprechen, herumläuft und spielt. Aus dem Baby ist ein Kleinkind geworden. Ein Kleinkind, das dir irgendwie bekannt vorkommt ... Jetzt wird es noch älter und größer – und da erkennst du es:

DU bist dieses Kind!

***

Es schaut dich an, lächelt ... und dann löst sich das Bild mit einem leisen Plopp! vor deinen Augen auf, und du stehst wieder auf Burg Krähenhall mit den sieben Zauberern im Kreis.

Sie alle sehen dich an und lächeln dir zu. Einen Moment lang ist es sehr still.

***

»Das ist der größte Zauber von allen!«, sagt Borin nun. »Das Leben selbst, das von irgendwoher kam, sich immer weiterentwickelt hat, immer weitergetragen wurde, bis schließlich du geboren wurdest. Du bist Teil dieses großen Zaubers! Du bist verwandt mit allen Wesen, die leben und die je gelebt haben. Verwandt mit allen Menschen und allen Tieren, ja, sogar mit den Pflanzen und Steinen. Kannst du dir das vorstellen?«

Du kannst im Moment gar nichts sagen, aber du spürst, dass Borin recht hat: Das Leben selbst ist der größte Zauber von allen – und du bist Teil dieses Zaubers! Das also meinte Borin vorhin, als er davon sprach, ein Zauber ZU SEIN ...

»Vergiss dieses Gefühl nicht«, sagt er jetzt. »Denk immer daran, dass es ein echtes Wunder ist, dass es dich gibt. Man kann jeden Tag staunen, wie es ist, lebendig zu sein, Verwandte und Freunde überall zu haben – unter den Menschen und unter den Tieren, unter den Pflanzen und unter den Steinen. Jetzt weißt du, was Zauber wirklich bedeutet.«

Die sechs anderen Zauberer gehen nun durch eine große Holztür in einen Nebenraum, und du bist mit Borin allein.

Er lässt sich auf alle viere nieder und verwandelt sich wieder in die Bergziege. »Mäh, ich bringe dich nun wieder hinunter«, sagt er, und du kletterst auf seinen Rücken. Geschickt springt er aus dem Raum, vorbei an Runkelratz, dem Gnom, durch das Burgtor und auf den ersten Felsabsatz. Dann geht es Stück für Stück nach unten. Wieder musst du dich sehr gut festhalten. Es ist wirklich unglaublich, wie geschickt und wie schnell die Bergziege den Berg hinunterspringt.

Unten angekommen, steigst du ab und kniest dich vor die Bergziege. Sie legt ihre Stirn an deine und sagt: »Du bist der Zauber. Du bist einzigartig und wertvoll, genau so, wie du bist. Das Leben wollte dich genau so, und das Leben liebt dich genau so. Wohin du auch gehst, sind Freunde und Verwandte. Überall. Leb wohl, Menschenkind. Es hat mich gefreut, so einen wundervollen Teil des großen Zaubers wie dich kennenzulernen!«

Du bedankst dich bei Borin und verabschiedest dich von ihm. Du kannst ihn hinter seinen Ziegenohren kraulen, wenn du magst. Du kannst ihm auch noch etwas sagen, was du auf dem Herzen hast ...

***

Ein letztes Mal drückt die Bergziege ihre Stirn an deine, dann dreht sie sich um und springt wieder den Berg hinauf.

Atme nun noch einmal tief durch, denke an den Zauber, von dem du ein Teil bist und der auch alles andere lebendig macht, und öffne dann langsam deine Augen ...

Gesegnet sei dein Tag, gesegnet sei dein Leben!

Reise zu Großmutter Mond

Diese Reise dient der Klärung der Gefühlswelt und der ruhigen Innenschau - ganz besonders für Kinder, die Raum für sich benötigen und voller Fantasie sind. Sie haben hier die Möglichkeit, den Raum ganz mit sich selbst zu füllen, ohne dabei abgelenkt zu werden.

Finde für dich einen gemütlichen Ort, von dem aus du dich nun ganz in Ruhe zu einer Reise in die Weite des Universums aufmachen kannst. Dazu kannst du liegen oder sitzen, ganz wie du es am liebsten magst.

Schließe nun deine Augen, damit deine Fantasie erwacht. Nimm drei tiefe Atemzüge, und komme mit jedem Atemzug ganz an deinem gemütlichen Ort an.

***

Stelle dir jetzt vor, dass du auf einer Wiese stehst. Es dämmert schon, und auch wenn es noch nicht völlig dunkel ist, kannst du hoch am Himmel den Mond leuchten sehen. Ganz hell und komplett rund – es ist Vollmond.

Am Rande dieser Wiese siehst du die ersten Bäume eines kleinen Wäldchens und auch einen Weg, der in den Wald hineinzuführen scheint. Du spürst, dass dies ein ganz besonderer Ort ist, ein ganz besonderer kleiner Wald. Er zieht dich magisch an, so, wie die Menschen seit jeher von den alten Baumhainen angezogen wurden. Gehe einfach auf diese Baumgruppe zu. Kannst du erkennen, welche Bäume es sind? Kannst du ihr Harz riechen? Oder den Duft ihrer Blätter oder Nadeln?

Du betrittst den Weg und gehst ein paar Schritte in den Wald hinein, siehst dich um und hörst vielleicht sogar Vögel rufen oder flattern. Vielleicht ruft auch schon die erste Eule in der Dämmerung.

Etwas entfernt von dir sitzt mitten auf dem Weg ein kleines Reh. Es sieht dich aufmerksam an. Du spürst, dass es dort auf dich gewartet hat, und gehst vertrauensvoll immer weiter auf es zu. Es weicht nicht zurück, sondern wartet auf dich und scheint sich sogar zu freuen. Wenn du magst, kannst du es streicheln.

Das kleine Reh begrüßt dich liebevoll und deutet dir dann mit einer Kopfbewegung an, dass du ihm folgen sollst.

Da läuft es auch schon los, und du hinterher ...

Abseits der Wege führt es dich zwischen den Bäumen hindurch, und du spürst, dass es Wege sind, die den Menschen normalerweise verborgen bleiben. Es scheint etwas ganz Besonderes zu geschehen, und es fühlt sich vielleicht sogar an, als würden kleine Schmetterlinge in deinem Bauch tanzen. Es ist ein kleines Abenteuer, das euch immer weiter durch den Wald führt – und nun direkt auf einen großen Stein zu, der einfach so mitten auf einer Lichtung auftaucht, als hätte man ihn dort abgestellt. Doch dazu ist er viel zu groß und schwer! Um den großen Stein herum liegen noch andere Steine in verschiedenen Größen. Das Reh zeigt dir mit seinem Kopf an, dass du einmal um alles herumgehen sollst, und das tust du. Kannst du erkennen, dass die Steine so etwas wie eine Treppe oder wie Kletterstufen hinauf auf den großen Stein bilden? Das helle Licht des Vollmonds scheint inzwischen fast direkt auf den großen Stein in der Mitte und umhüllt ihn magisch. Da verstehst du, dass du hinaufklettern sollst.

Du nutzt die umliegenden Steine und findest deinen Weg hinauf auf den großen Stein in der Mitte, während der Mond noch ein wenig wandert. Oben angekommen, stellst du dich aufrecht hin, und schon wirst du in ein helles Licht getaucht. Der Mond steht nun direkt über dir und dem Stein.

Etwas zieht deinen Blick wie magisch nach oben – und da siehst du, dass das Licht sich zu bewegen scheint, es nimmt Formen an und sieht nun nach einem hellen Wesen aus. Was ist das? Kannst du es erkennen? Aus dem Licht taucht nun eine Hand auf, die das Wesen dir reicht. Es lädt dich ein, mit nach oben zu reisen. Über allem liegen das besondere Licht des Mondes und eine Stimmung voller Vertrauen und Freude, sodass du deine Hand ohne zu zögern nach oben streckst.

Da zieht es dich schwungvoll nach oben und immer höher und höher in den Nachthimmel hinauf. Ihr gleitet vorbei an den Bäumen, an Wolken und dann auch an Sternen – immer höher hinauf.

»Ich bringe dich zu Großmutter Mond, der Hüterin der Gefühle. Du kannst sie alles fragen, was dich bewegt, was du fühlst. Du kannst sie nach einem Rat fragen – zu allen Themen, die dir Sorgen machen, dich traurig oder ängstlich machen oder auch zornig und ungeduldig. Du kannst ihr alles anvertrauen, und sie wird dir helfen!«, hörst du eine helle Stimme sagen.

Ihr seid nun so hoch oben, dass du dir gar nicht vorstellen kannst, dass es noch höher gehen kann. »Gleich sind wir da«, hörst du, »wundere dich nicht, wenn du eine junge Frau triffst oder alles ganz anders wird, als du nun erwartest – Großmutter Mond kann viele Gestalten annehmen und auch in jedem Alter erscheinen. Nutze dieses Treffen für dich, und stelle deine Fragen, damit wir nachher alle voller Freude sind, wenn ich dich zurückbegleite!«

Und da bist du nun, hoch oben in der Weite des Himmels, des Universums, und kannst dir noch einmal einen Moment Zeit nehmen, dir eine Frage zu überlegen oder auch mehrere, die dich beschäftigen, die du dir immer wieder stellst.

***

»Liebes Menschenkind, wie schön, dass du mich besuchst! Herzlich willkommen!«, hörst du eine liebevolle Stimme hinter dir, die dich ein kleines bisschen aus deinen Gedanken reißt. Sicher bist du auch schon neugierig, wie sie aussehen wird, und so drehst du dich langsam zu ihr um. Kannst du ihr Gesicht erkennen?

»Du hast schon davon gehört, dass ich die Hüterin der Gefühle bin, nicht wahr?«, fragt sie dich, und vielleicht nickst du oder möchtest Ja sagen.

»Gibt es etwas, wobei ich dir helfen kann? Möchtest du mir etwas anvertrauen? Ich bin gern für dich da und möchte versuchen, dir zu antworten. Manchmal nutzen wir Spirits, wir Zauberwesen der Natur, dazu die Sprache der Bilder. Du wirst dann vielleicht keine Worte hören, wie wenn die Menschen einander antworten, sondern Bilder sehen oder Geschichten, wie kleine Filme, oder du spürst etwas in dir. Möchtest du es einmal versuchen?«, lädt dich Großmutter Mond herzlich ein.

Inzwischen weißt du bestimmt auch schon ganz genau, was du ihr erzählen oder sie fragen möchtest ... Nimm dir nun Zeit dafür, und freue dich darauf, ihre Antwort zu empfangen ...

***

Du spürst, dass es nun Zeit wird, wieder nach Hause zu gehen. Beginne nun langsam, dich zu verabschieden – dich zu bedanken, wenn du magst. Du kannst jederzeit wieder zurückkehren und Großmutter Mond deine Fragen stellen. Sie wartet hier auf dich und wird sich immer freuen, dich zu sehen.

***

Das helle Lichtwesen ist inzwischen auch wieder aufgetaucht und scheint schon bereit zu sein, dich nach Hause zu begleiten. Gemeinsam macht ihr euch nun auf den Weg hinab zur Erde. Vorbei an den Sternen, vielleicht sogar auch anderen Planeten, immer näher an die Erde heran. Ihr gleitet tiefer hinab, sodass du nun die ersten Felder, Häuser und Wälder sehen kannst. Bis ihr genau auf jenen Wald zufliegt, in dem deine Reise begonnen hat. Du siehst schon aus einiger Entfernung, dass das kleine Reh dort unten steht, direkt bei den großen Steinen. Es wartet genau dort auf dich, wo es dich zuletzt gesehen hat, und du spürst, dass es dir nun wieder helfen wird, deinen Weg aus dem Wald zu finden. Das Lichtwesen setzt dich nun sanft auf dem Erdboden ab, direkt neben dem großen Stein. Das kleine Reh kommt langsam näher und kuschelt sich an dich. Es ist nun Zeit, auch von dem Lichtwesen Abschied zu nehmen. Zumindest für jetzt. Du kannst jederzeit wiederkommen, wenn du magst! Das hat dir Großmutter Mond versprochen.

Du kannst dich bedanken und noch etwas sagen, was dir wichtig ist.

***

Das Reh wird nun ein wenig ungeduldig, und es dämmert fast schon – Zeit, nach Hause zu gehen. So folgst du ihm wieder zwischen den Bäumen hindurch, abseits der Wege, unter den Zweigen her und über herabgefallene Äste, bis ihr auf der Wiese ankommt, die der Startpunkt deines kleinen Abenteuers war.

Hier ist es dann Zeit für einen weiteren Abschied, denn das Reh muss nun auch wieder zurück zu seiner Familie. Vielleicht magst du es zum Abschied vorsichtig umarmen?

***

Dann siehst du ihm nach, wie es zwischen den Bäumen verschwindet.

Wenn du magst, schaue noch einmal in den Himmel, hinauf zum hell scheinenden Vollmond, und winke kurz. Kannst du dir vorstellen, wie Großmutter Mond zurückwinkt?

Dann nimm langsam wieder drei tiefe Atemzüge, und spüre dabei in deinen Körper hinein, der gerade gemütlich sitzt oder liegt. Nimm wahr, wo du gerade bist. Bewege langsam deine Finger und deine Zehen. Vielleicht magst du dich recken und strecken. Mache nun langsam deine Augen auf, und freue dich auf die Rückkehr zu deiner Familie.

Fröhlich sei dein Tag, fröhlich sei dein Leben!

Der alte Indianer und das große Lied des Lebens

Hier können Kinder die Elemente unserer Welt wahrnehmen. Sie erfahren Vater Himmel, Mutter Erde und die Zugehörigkeit zu allem, was lebt. Sie entdecken, dass sie überall zu Hause sind, und lernen, das Lied der Welt, von dem jedes Kind ein Teil ist, zu hören.

Unsere heutige Reise führt uns zu einem alten Weisen. Für alle, die mit einer Frage zu ihm kommen, hat er einen guten Rat. Man kann aber auch zu ihm kommen, wenn man nur für eine Weile mit ihm zusammensitzen möchte. Es gibt immer etwas bei ihm zu lernen, denn seit seiner Kindheit kann er die Sprache der Tiere verstehen und sprechen. So hat er selbst sehr viel gelernt und gibt dieses Wissen nun gern weiter. Manchmal ist er schwer zu finden, weil er durch die Prärie wandert und jeden Tag an einem anderen Ort ist, aber meist trifft man irgendein Tier, das man nach dem Weg zu ihm fragen kann.

Was meinst du, hast du Lust, den alten Indianer zu besuchen?

Gut, dann lass uns aufbrechen ...

Setze dich bequem hin. Du kannst dich anlehnen oder aufrecht im Schneidersitz sitzen, das ist ganz egal. Du kannst dich auch hinlegen, wenn du so besser reisen kannst. Ganz, wie du magst.

Nimm jetzt drei tiefe Atemzüge, und wünsche dir dabei, den alten Indianer zu treffen.

***

Um dich herum ist nun langsam die Prärie immer klarer zu erkennen. Du stehst inmitten einer grasbewachsenen Ebene, über dir ein paar weiße Wolkenstreifen am blauen Himmel. Die Sonne brennt auf das trockene Gras und die kurzen Heidesträucher, auch ein paar wenige Bäume kannst du hier und dort erkennen, die wie in kleinen Inseln zusammenstehen. Am Horizont siehst du sandfarbene Berge, manche mit spitzen, hohen Gipfeln, manche vom Wind eher rund geschliffen.

Da du keine Idee hast, wo der alte Indianer sein könnte, gehst du einfach in Richtung der Berge los. Du bist voller Vertrauen, denn du weißt, dass du ihn finden wirst. Langsam machst du einen Schritt nach dem anderen. Das trockene Gras raschelt unter deinen Füßen, dein Atem ist ruhig und gleichmäßig, die Weite der Landschaft macht dein Herz glücklich.

Nachdem du eine Weile gegangen bist, siehst du im Schatten einer Baumgruppe einen Bison stehen. Auf seinem mächtigen Kopf mit dem dicken Fell sind zwei Hörner und darunter zwei große, braune Augen, die dich freundlich ansehen.

»Du suchst bestimmt den alten Indianer, stimmt's?«, fragt er dich. »Wenn du möchtest, kann ich dir zeigen, wo er heute ist ...«

Nachdem du genickt hast, trottet der Bison los, und du läufst neben ihm her. Bei jedem Schritt wirbelt der Bison mit seinen Hufen eine Menge Staub auf, der sich auf deiner Kleidung, deiner Haut und deinen Haaren niederlässt. Nachdem ihr eine Weile gegangen seid, bist du von oben bis unten mit braunem, erdigem Staub bedeckt.

»Das schützt dich vor der Sonne«, sagt der Bison. »Außerdem siehst du so sehr lustig aus«, schmunzelt er.

Nach einer Weile kommt ihr bei einem großen Felsen an, der beinahe aussieht wie ein riesiger Tisch: Seine Wände erheben sich fast senkrecht vor dir, und oben scheint er ganz flach zu sein.

Der Bison geht mit dir einmal um den Felsen herum, und als ihr wieder an eurem Ausgangspunkt ankommt, siehst du im Felsen eine Öffnung.

»Weiter kann ich dich nicht begleiten. Da passe ich nicht hindurch. Aber du kannst in den Felsen hineinklettern und dort dann dem Weg folgen, der dich auf den Felsen hinaufbringen wird. Dort wirst du den alten Indianer finden. Ich werde hier so lange auf dich warten.«

Vorsichtig schiebst du dich nun durch die Öffnung in den Felsen. Und tatsächlich: Innen triffst du auf einen ausgetretenen Weg, der sich spiralförmig hinaufwindet. Folge diesem Weg, der fast wie eine Wendeltreppe im Inneren des Felsens nach oben führt. Es ist nicht allzu dunkel, und du kannst genug erkennen, um nicht zu stolpern ...

***

Oben angekommen, trittst du wieder ins Freie. Du stehst nun mitten auf dem Felsen, und am äußersten Rand siehst du einen alten Indianer mit dem Rücken zu dir sitzen. Offenbar schaut er von hier oben über die Prärie.

Langsam und leise gehst du zu ihm, denn du möchtest ihn ja nicht stören und auch nicht erschrecken. Als du noch vier Schritte von ihm entfernt bist, spricht er dich plötzlich an, ohne sich umzudrehen: »Halt. Bleib bitte kurz stehen. Die nächsten vier Schritte solltest du ganz bewusst machen, bevor du dich dann zu mir setzt. Meinst du, du schaffst das?«

Du weißt nicht genau, was du darauf antworten sollst, aber da spricht er auch schon weiter: »Nun, ich bin sicher, du kannst das. Bitte zieh deine Schuhe aus, und stell sie an die Seite ... Dies ist heiliger Boden, und den betritt man am besten barfuß.

***

Gut so ... Nun machst du deinen ersten Schritt. Es ist ein Schritt für die Erde, unser aller Mutter. Setze deinen Fuß ganz langsam und bewusst, spüre die Erde unter deinen Fußsohlen. Spüre, wie die Erde dich trägt.

***

Sehr gut. Der nächste Schritt ist für das Wasser, das alle Wesen, alle Menschen, alle Tiere, alle Pflanzen, auf der Erde nährt. Mache einen ganz bewussten Schritt für das Wasser, das auch dich jeden Tag versorgt.

***

Du machst das ganz prima. Nun kommt ein Schritt für das Feuer, das uns wärmt. Das Feuer der Sonne, das uns lebendig macht, und das Lagerfeuer in der Nacht, an dem wir Geschichten erzählen und lernen, wer wir sind und woher wir kommen. Es ist auch das Feuer in unseren Herzen, das uns begeistert und das uns lieben lässt. Mache jetzt einen achtsamen Schritt zu Ehren des Feuers.

***

Sehr gut. Nun kommt der letzte Schritt. Ein bewusster Schritt für die Luft, die wir atmen und die wir mit allen anderen Wesen teilen. Die Luft, die uns umgibt und miteinander verbindet. Gehe diesen letzten Schritt zu mir ganz aufmerksam, und widme ihn der Luft.

***

Das hast du wirklich toll gemacht, _______________ *(Name des Kindes)*. Nun setze dich zu mir, und genieße die Aussicht von hier oben.«

Langsam setzt du dich nun neben den alten Indianer und schaust auf die Prärie. Sie scheint sich endlos vor dir auszudehnen. Gräser, Sträucher, Felsen, ein paar pfeifende Präriehunde, ein Kojote und einige Bisons mit ihren Kälbern kannst du von hier sehen.

Hoch oben am Himmel siehst du einen Adler seine Kreise ziehen.

***

»Das alles ist dein Zuhause«, sagt der alte Indianer nun. »Überall auf der Welt bist du am richtigen Ort, umgeben von deinen menschlichen, tierischen und pflanzlichen Brüdern und Schwestern. Vater Himmel und Mutter Erde freuen sich, dass du da bist. Du bist ein wichtiger Teil dieser Welt, wie alles, was ist. Das Gras ist wichtig, die Bäume und Flüsse sind wichtig, das Meer und die Berge, der Adler, der Bison und der Kojote sind wichtig. Du und ich sind wichtig. Der Staub auf deinem Gesicht und in deinen Haaren ist wichtig. Die Ameise und der Bär sind wichtig. Sie alle machen unsere Welt zu dem, was sie ist: ein wundervoller Ort, um hier zu leben!«

Gemeinsam schaut ihr weiter auf die Prärie unter euch, als der alte Indianer anfängt, ein Lied in einer dir unbekannten Sprache zu singen. Du hörst die Rufe des Adlers, der in das Lied einzustimmen scheint, du hörst die donnernden Hufe der Bisons, die dem Lied einen ganz besonderen Rhythmus geben, du hörst das Geheul des Kojoten, der dem Indianer zu antworten scheint, du hörst deinen Atem und deinen Herzschlag, die ebenfalls Teil des Liedes sind.

Welche Tiere kannst du noch hören? Hörst du vielleicht auch den Wind, den Vater Himmel schickt, oder den Herzschlag der Mutter Erde?

***

Das Lied des alten Indianers wird leiser, und alle Geräusche sind wieder so wie vorher.

Der Indianer schaut dich an und sagt: »Das ist das große Lied, das alles durchdringt, das alles singt. Manchmal können wir es nicht hören, aber es ist immer da, wird immer, jeden Tag, gesungen. Und deine Stimme, dein Atem, dein Herzschlag machen dieses Lied erst richtig schön!«

Er lächelt dich lange an.

***

Du spürst nun, dass dein Besuch beim alten Indianer zu Ende geht. Bald wird die Sonne untergehen, und du solltest dich vorher auf den Heimweg machen. Verabschiede dich vom Indianer, und danke ihm für seine Worte und seine Weisheit ...

***

Nun stehst du auf und gehst zurück zu deinen Schuhen, ziehst sie an und gehst weiter zum Eingang des Weges in den Felsen. Wieder läufst du wie auf einer Wendeltreppe – diesmal aber hinunter statt hinauf. Unten angekommen, zwängst du dich durch die Öffnung des Felsens ins Freie, wo dich auch schon der Bison erwartet.

»Da bist du ja wieder«, sagt er und trottet gemeinsam mit dir los.

Nach einer Weile seid ihr wieder bei der Baumgruppe, wo du den Bison zum ersten Mal getroffen hast. Hier verabschiedet er sich von dir, und du gehst noch ein Stück alleine weiter. Du genießt noch einmal die Weite der Prärie, die deinem Herzen so guttut – und dann öffnest du langsam deine Augen ...

Gesegnet sei dein Tag, gesegnet sei dein Leben!
Mögest du immer daran denken, dass du ein wichtiger Teil dieser großen Familie des Lebens bist!

Der Rat der Tiere und das Herz des Waldes

Die in der Reise erlebbare Verbundenheit und Freundschaft eignet sich gut bei Einsamkeit und Traurigkeit. Die Kräfte der Tiere kennenzulernen und in sich selbst zu entdecken kann das Selbstbewusstsein stärken.

Mache es dir bequem. Sitze oder liege ganz entspannt. Versuche, in deinen Körper hineinzuspüren, und lasse dann alles ganz locker: deine Füße, deine Beine, dein Becken, deinen Rücken, deine Schultern, deinen Bauch, deine Brust, deine Arme und Hände, deinen Nacken, deinen Kopf und dein Gesicht.

***

Bist du ganz entspannt? Atme noch dreimal tief durch, und dann kann unsere Reise losgehen ...

***

Stelle dir vor, du stehst auf einem grünen Hügel. Die Landschaft um dich herum besteht aus lauter solchen mit Gras bewachsenen Hügeln, manche höher, manche niedriger. Ein paar Flüsslein glitzern wie silberne Bänder im Sonnenschein, hier und dort ragen kleine Felsen aus dem

Grün, und am Horizont siehst du einen riesigen, schattigen Wald. So viele wunderschöne Bäume ... Heimat so vieler Tiere ...

Spürst du, wie der Wald dich ruft? Irgendetwas ist im Wind. Es ist keine richtige Stimme, aber irgendetwas berührt dein Herz und ruft dich. Es scheint, als würden dir der Wald oder seine Bewohner etwas Wichtiges mitteilen wollen.

Da hörst du über dir den hellen Schrei eines Adlers. Du schaust hinauf und siehst ihn über dir kreisen. Wie in einer Spirale schraubt er sich zu dir herab und kommt immer näher. Jetzt kannst du schon seinen gelben Schnabel erkennen, die weißen Federn an seinem Kopf, seine großen braunen Schwingen ...

Seine Flügel rauschen, als er zur Landung ansetzt. Direkt vor dir sitzt er nun: der König der Lüfte, der große Adler.

»Hörst du den Wald rufen?«, fragt er dich. »Der Rat der Tiere versammelt sich, und ich soll dich einladen, dazuzukommen. Magst du mit mir kommen?«

Du nickst, denn zum Rat der Tiere eingeladen zu werden, ist eine große Ehre. Nur ist der Wald sehr weit entfernt, und du fragst dich, wie du dorthin gelangen sollst.

Als hätte der Adler deine Gedanken gelesen, sagt er: »Der Weg zum Wald ist weit, aber dennoch wirst du ganz schnell dorthin gelangen. Jedoch wirst du nicht auf meinem Rücken fliegen ... Heute erlebst du etwas viel Tolleres ...«

Der Adler haucht dich nun an. Du siehst eine kleine, goldene Wolke aus seinem Schnabel kommen, die sich auf deine Schultern legt und sich über deine Arme ausbreitet. Du merkst, wie es warm auf deinen Armen kitzelt, und dann siehst du, als du deine Arme zu den Seiten ausbreitest, wie dort überall goldene Federn wachsen. Immer mehr, immer längere Federn, bis du richtige Flügel hast.

»Komm, flieg mit mir«, ruft der Adler und erhebt sich in die Lüfte. Du bewegst deine Arme wie Flügel ... und hebst ab!

Hoch hinauf geht es in den blauen Himmel. Du spürst den Wind im Gesicht und unter deinen Flügeln. Deine Federn rauschen, du schwebst, du fliegst und siehst die Welt von oben.

***

Die Landschaft fliegt unter dir vorbei. Ganz klein sieht alles aus: die Flüsse, die Hügel, die Felsen. Und wenn du nach vorne schaust, siehst du, dass der Wald schon ein ganzes Stück näher gekommen ist. Jetzt kannst du erst richtig erkennen, wie riesig er ist. Es scheint auch keine Wege zu geben. Ganz dicht stehen die Bäume aneinander. Ein richtiger Urwald.

Jetzt seid ihr schon direkt über dem Wald. Grüne Bäume, wohin das Auge auch blickt. Hauptsächlich Buchen und Eichen, aber auch ein paar Fichten und Kiefern.

Immer weiter fliegt ihr, direkt auf das Herz des Waldes zu. Da siehst du direkt in der Mitte dieser riesigen Ansammlung von Bäumen eine kreisrunde Lichtung, auf der sich einige Tiere versammelt haben.

Langsam sinkt ihr vom Himmel hinab und landet. Deine Flügel werden wieder zu Armen, und du schaust dich erst einmal in Ruhe um ...

Vor dir steht nun der Rat der Tiere: ein Fuchs, ein Bär, ein Wolf, ein Hase, ein Luchs und der Adler, der dich hergeführt hat. Und in der Mitte steht der König des Waldes, ein schneeweißer Hirsch mit einem mächtigen Geweih!

»Herzlich willkommen, ______________ *(Name des Kindes)*!«, sagt der Hirsch mit einer sanften, aber kräftigen

Stimme. »Nun sind wir vollzählig. Ein Menschenkind ist heute bei uns, und wir freuen uns alle sehr, es zu sehen!«

Die Tiere stehen nun im Halbkreis um dich herum und schauen dich an. Sie scheinen alle zu lächeln, und alle haben einen ganz warmen und freundlichen Blick. Du spürst, wie etwas von ihnen ausgeht: Es ist, als würden sie ganz leicht dein Herz berühren. Sie alle sind so froh, dich zu sehen. Fuchs, Bär, Wolf, Hase, Luchs, Adler und Hirsch – sie alle haben dich lieb und möchten deine Freunde sein.

***

Der weiße Hirsch schaut dir nun tief in die Augen und sagt: »Wir haben dich hierher eingeladen, weil wir wissen, wie sehr du Tiere magst. Wir möchten dir deshalb ein besonderes Geschenk machen, damit du unsere Freundschaft nie vergisst und immer an uns denkst.«

Dann fangen die sieben Tiere an zu summen: »Mmmmmmh, mmmmmmmmh, mmmmmmh ...« Ihre Stimmen sind tief und warm, und die Melodie ihres Summens lässt dich lächeln. Je länger sie summen, desto heller schimmert der Wald um dich herum. Er leuchtet jetzt richtig. Ein goldenes Licht geht von jedem einzelnen Baum aus. Es scheint heller und heller – und dann wird es plötzlich zu einer einzigen Kugel, die direkt vor dir in der Luft schwebt. Die Tiere hören auf zu summen, und du schaust ganz fasziniert auf die goldene Lichtkugel.

Langsam schwebt sie auf dich zu. Wie eine winzige Sonne sieht sie aus ...

Dann berührt sie deine Brust und schmilzt in dein Herz hinein! Du bist ganz erfüllt von diesem Licht, und du hast das Gefühl, dass du in diesem Moment alle Tiere und alle Bäume überall auf der Welt spüren kannst. Du bist ganz stark mit ihnen allen verbunden.

***

»Das Herz des Waldes schlägt nun in dir«, sagt der Hirsch, und alle anderen Tiere nicken zustimmend. »Du bist für immer unser Freund/unsere Freundin, und wir sind immer bei dir! Du kannst uns fühlen, und du kannst uns stets um Rat fragen.

Vom Fuchs bekommst du die Schlauheit, vom Bär seine Kraft, der Wolf gibt dir seine Ausdauer, der Hase seine Schnelligkeit, der Luchs sein Geschick, der Adler seine Weitsicht, und von mir, dem Hirsch, bekommst du die Weisheit. Zusammen schenken wir dir alle unsere Freundschaft!

Du kannst uns in deinen Träumen, deiner Fantasie und deinen Spielen besuchen. Du kannst uns malen und zeichnen – darüber freuen wir uns sehr. Du kannst in den Wald gehen und den Bäumen zuhören. Der Wind in ihren Blättern lässt sie sprechen, und sie erzählen dir vielleicht Geschichten über uns.

Fühle jetzt noch einmal in dein Herz hinein, und entdecke uns dort als deine Freunde.«

***

Du stellst dich nun gemeinsam mit den sieben Tieren in einen Kreis. Nacheinander schaust du sie alle noch einmal an: den Fuchs, den Bären, den Wolf, den Hasen, den Luchs, den Adler und den Hirsch. So viele starke Freunde!

Du kannst dich jetzt bei ihnen dafür bedanken, dass sie dich eingeladen haben, und dich von ihnen verabschieden. Vielleicht drückst du jeden von ihnen mal, oder du verbeugst dich mit aneinandergelegten Händen vor ihnen. Mache einfach, was sich für dich richtig anfühlt ...

***

Nun ist es an der Zeit, wieder deine Arme in Flügel zu verwandeln. Du kannst das jetzt ganz von allein. Lasse dir Federn wachsen, und dann schwinge dich in die Lüfte!

***

Schaue dir den Wald noch mal von oben an: die Heimat deiner Freunde, die nun auch immer bei dir, in deinem Herzen sind. Das Herz des Waldes schlägt in dir, und an sein Leuchten kannst du dich immer erinnern!

Immer weiter fliegst du auf deinem Weg zurück, bis du wieder an dem Ausgangspunkt deiner Reise angekommen bist. Langsam schwebst du vom Himmel hinab und landest sanft. Deine Flügel verwandeln sich wieder in Arme, du atmest noch ein paar Mal tief durch und öffnest dann langsam deine Augen.

Gesegnet sei dein Leben! Mögest du dich immer an das Herz des Waldes und deine Freunde erinnern!

Der heilende Kreis der Druiden

Eine Reise für erkrankte Kindern, um ihre Selbstheilungskräfte zu stärken, die Kräfte der Natur zu entdecken und zu nutzen.

Hast du schon einmal von Druiden gehört? Kennst du vielleicht Miraculix aus den Asterix-Comics? Der ist ein Druide, auch wenn die echten Druiden vielleicht ein bisschen anders waren ...

Druiden gab es früher hier bei uns, in England, Frankreich, Österreich und der Schweiz. Sie waren Priester, Kräuterkundige, Berater von Königen, Musiker und Geschichtenerzähler. Sie kannten sich gut aus mit Tieren und mit Pflanzen, gingen viel im Wald spazieren, sprachen mit den Bäumen, konnten Medizin machen und heilen. Auch heute gibt es noch Druiden, aber sie sind schwer zu finden ...

Was meinst du, hättest du Lust, die Druiden zu besuchen? Wenn du gerade ein bisschen krank bist, können sie dir vielleicht helfen, damit du dich besser fühlst ...

Dazu solltest du dich bequem hinlegen. Liege ganz entspannt, und atme ganz normal.

Die Zahl Drei ist den Druiden heilig, deshalb nimm jetzt drei tiefe Atemzüge, und wünsche dir mit jedem Atemzug, jetzt die Druiden zu treffen.

***

Du befindest dich nun in einem tiefen Wald. Rings herum stehen mächtige Eichen – grüne Riesen, die bis in den Himmel zu ragen scheinen. Ein uralter Wald, über dem ein tiefer Zauber liegt.

Eichhörnchen springen herum, Vögel zwitschern, und der Wind rauscht leise in den Blättern der Bäume über deinem Kopf.

Zwischen zweien dieser großen Eichen schlängelt sich ein kleiner Weg durch den Wald. Du spürst sofort, dass dieser Weg dich einlädt, ihm zu folgen.

Du setzt nun einen Fuß vor den anderen und gehst diesen Pfad entlang, der dich tiefer in den Wald hineinführt. Immer wieder hörst du ein Zwitschern, das dich die ganze Zeit zu begleiten scheint. Ein kleiner, schwarzer Blitz saust immer wieder an dir vorbei, fliegt kurz voraus, dreht dann um und flattert zu dir zurück: eine Amsel, der Druidenvogel! Das ist sicher ein gutes Zeichen dafür, dass du auf dem richtigen Weg bist.

Ihr Zwitschern ist so ein schönes und abwechslungsreiches Lied. Du bist richtig froh, dass sie dich begleitet.

Nachdem du eine Weile gewandert bist, kommst du zu einer Lichtung im Wald, in deren Mitte aus ein paar runden Steinen eine kleine, natürliche Quelle entspringt und einen kleinen Bach bildet, der über die Lichtung läuft und dann im Wald verschwindet.

Neben der Quelle stehen zwei Männer und eine Frau in langen grünen, braunen und grauen Gewändern. Die Männer haben lange Haare und lange Bärte, die sie in Zöpfen tragen. Die Frau hat rote Locken und ein ganz freundliches Gesicht.

Sie spricht dich auch als Erste an: »Willkommen, ______________ *(Name des Kindes)*! Willkommen im heiligen

Hain, im heiligen Baumkreis der Druiden. Willkommen an unserer heiligen Quelle. Komm ruhig näher, und setz dich zu uns.«

Die zwei Druiden und die Druidin setzen sich in einen Kreis an der Quelle und lassen einen Platz für dich frei, auf dem du dich nun niederlässt.

Nun wendet sich einer der männlichen Druiden an dich: »Wir haben gehört, dass du ein bisschen krank bist und dich nicht wohlfühlst. Wir sind froh, dass du nun hier bist, denn hier ist ein Ort, an dem man wieder gesund werden kann.

Wir möchten dich bitten, dass du dich nun hier auf den Boden legst. Ich werde meinen Umhang unter dich legen, und mein Freund wird seinen Umhang über dich legen, sodass du nicht frieren wirst.«

Du legst dich nun hin, wie der Druide es dir beschrieben hat: unter dir und über dir je ein Umhang, die dich wohlig warm umhüllen.

Die Druidin kniet sich neben dich, legt ihre Hand auf dein Herz und spricht: »Atme nun tief und gleichmäßig die frische Waldluft ein. Fühle, wie sie durch deine Nase oder deinen Mund strömt, wie sie deine Brust und deinen Bauch weitet. Fühle die Erde unter dir und den Himmel über dir. Atme ein … und atme aus … ein … und aus … ein … und aus …

***

Spüre, wie dich die Frische des Waldes erfüllt. Spüre, wie sie als Wind durch deinen ganzen Körper weht und dich mit neuer Energie versorgt. Spüre, wie die Erde dich von unten mit Kraft und Gesundheit versorgt – und wie dich der Himmel von oben segnet und dich behütet. Atme, mein Kind. Atme immer weiter, tief und regelmäßig …«

***

Die Druidin nimmt ihre Hand von deinem Herz und lässt nun den zweiten männlichen Druiden, der noch nichts gesagt hat, zu Wort kommen: »Stell dir nun vor, wie die Kraft der Erde als grüngoldenes Licht in deine Füße aufsteigt und sie ganz erfüllt.

***

Das Licht breitet sich in deinen Beine aus und strahlt hell in ihnen. Es strahlt in deinem Becken und in deinem Bauch. Atme tief in deinen Bauch hinein, und stelle dir vor, wie das grüngoldene Licht immer heller strahlt.

***

Nun strahlt es auch in deinem Rücken und in deiner Brust. Es breitet sich in deinen Schultern und in deinen Armen aus. Auch deine Hände strahlen nun.

***

Das Licht breitet sich immer weiter aus – es ist in deinem Nacken, deinem Hals, deinem Kopf, deinem Gesicht. Dein ganzer Körper strahlt nun in diesem hellen grüngoldenen Licht. Du leuchtest von innen heraus, und du fühlst dich ganz leicht und warm.

Atme einfach ein paar Momente weiter, und genieße dieses Leuchten.

***

Nun spürst du, wie das Leuchten langsam nachlässt, aber die Frische und die Kraft in dir bleiben. Nun kannst du unter dem Umhang hervorkrabbeln und dich hier an die Quelle knien.«

***

Als du an der Quelle kniest und ihr leises Plätschern beobachtest, spricht wieder die Druidin zu dir: »Das Wasser dieser Quelle ist uns Druiden heilig. Schon vielen Menschen wurden hier Kraft und Gesundheit geschenkt. Auch du sollst nun davon trinken. Forme eine kleine Schale aus deinen Händen, lass ein bisschen Wasser hineinlaufen, und trinke es. Spüre, wie es in deinen Körper läuft und wie es dich erfrischt.«

***

Die Druiden schweigen und schauen dich an. Das Wasser hat dir so gut geschmeckt, die frische Luft hat dir so gutgetan – und das grüngoldene Leuchten hat dich so mit Kraft erfüllt, dass du dich nun schon viel besser fühlst.

Ein letztes Mal wendet sich nun der Druide an dich: »Bevor du dich auf den Rückweg machst, danke Mutter Natur für ihre heilenden Kräfte. Danke der Quelle, danke dem Himmel, danke auch der kleinen Amsel, denn ihr Lied ist ebenfalls Teil unserer guten Medizin. Nimm dir ein paar Augenblicke, um zu danken, dem guten Gefühl in dir nachzuspüren und dich zu verabschieden.«

***

Als du wieder aufblickst, verschwinden die drei Druiden wie Nebel in der Sonne. Nur die kleine Amsel sitzt auf den Steinen der Quelle und zwitschert ein fröhliches Lied. Sie freut sich, dass es dir schon besser geht.

Nun flattert sie in Richtung des Waldweges los, auf dem ihr gekommen seid, und du läufst fröhlich hinter ihr her.

Du gehst den gleichen Weg zurück, bis du wieder an der Stelle bist, an der deine Reise begonnen hat. Dein Körper fühlt sich viel besser, viel gesünder an, und dein Herz ist ganz leicht.

Öffne nun langsam deine Augen, recke und strecke dich ... Du bist nun zurück. Willkommen bei den Menschen, die dich lieb haben.

Mögest du bald wieder ganz gesund sein!

Safari für Mutige

Die richtige Reise, um Löwenmut zu entwickeln und Stärke in sich selbst zu entdecken.

Setze oder lege dich ganz bequem hin. Du willst ja eine Safari für ganz mutige Kinder machen, da solltest du erst einmal tief durchatmen, um dich vorzubereiten. Mache es dir richtig gemütlich, schließe deine Augen, und lausche ein paar Momente deinem Atem.

***

Jetzt ist es so weit … Die Safari für Mutige beginnt. Du musst übrigens keine Angst haben: »Safari« ist einfach ein afrikanisches Wort, das nichts anderes als »Reise« bedeutet.

Stelle dir nun vor, dass du mitten in der afrikanischen Steppe stehst. Die Sonne brennt heiß, der Boden unter deinen nackten Füßen ist ganz warm. Du siehst trockenes Steppengras, ein paar große, ausladende Bäume, in deren Schatten ein paar Gnus stehen, und am Horizont entdeckst du ein silbern schimmerndes Band: Offenbar ist dort hinten ein Fluss.

Da es sehr heiß ist und du jetzt schon Durst bekommst, machst du dich auf den Weg in Richtung Fluss. Du setzt einen Fuß vor den anderen und wanderst drauflos.

***

Schaue dich genau um, während du unterwegs bist ... Siehst du noch andere Tiere? Vielleicht kannst du ein paar Zebras entdecken oder eine Herde Antilopen. Oder siehst du Giraffen, die an den obersten Blättern der Bäume knabbern?

***

Du bist nun schon eine Weile unterwegs, aber irgendwie scheint es, als ob der Fluss überhaupt nicht näher gekommen ist. Dieses Land ist wirklich riesig. Du möchtest dich jetzt erst mal ein bisschen ausruhen und setzt dich für eine Weile in den Schatten einer Akazie – das ist ein großer Baum, dessen Blätterdach wie ein Sonnenschirm wirkt.

Ganz schön anstrengend, bei dieser Hitze unterwegs zu sein. Da wird man ziemlich müde ... Und ehe du dich versiehst, bist du auch schon eingenickt ...

***

Was kitzelt denn da so? Was ist das? Irgendetwas krabbelt dich am Kinn ... Erschrocken fährst du hoch und siehst ... vier graue Säulen. Was ist das denn? Und da ist so etwas wie eine große, graue Schlange in der Luft vor deinem Gesicht ... Ah, jetzt erkennst du, was das ist: Ein Elefant steht vor dir.

Du stehst auf, trittst aus dem Schatten der Akazie hinaus und kannst den Elefanten jetzt auch ganz sehen. Ein riesiges, graues Tier mit großen Ohren, mächtigen Stoßzähnen und kleinen, lustig blitzenden Äuglein.

Er bewegt seinen Rüssel über den staubigen Boden, hebt ihn dann wieder vor dein Gesicht, trompetet laut und bläst dir dabei eine Wolke Staub um die Ohren.

»Das ist die Erde Afrikas«, sagt der Elefant. »Hier kommt ihr Menschen her. Das war die erste Erde, die eure Füße berührt haben. Es ist schon ganz lange her, aber ich bin froh, dass du heute wieder einmal hierhergekommen bist, um die Erde Afrikas zu spüren.«

Du reibst dir den Staub aus den Augen und schaust den Elefanten freundlich an. Offenbar ist er ein wirklich netter Kerl, wenn auch ein bisschen laut, behäbig und groß.

Als hätte er deine Gedanken erraten, sagt der Elefant: »Ich hoffe, ich mache dir keine Angst, weil ich so groß bin ... Ich wollte nur nach dir sehen, weil ich dachte, dass du einen großen, starken Freund gebrauchen könntest. Wenn du dich traust, kannst du auf meinem Rücken reiten, und ich bringe dich zum Fluss. Sicher hast du großen Durst, oder?!«

Der Elefant kniet sich hin, sodass du auf seinen Rücken klettern kannst. Traust du dich das? Na klar, der große Graue ist doch ganz lieb ...

Jetzt sitzt du auf seinem Rücken, und er steht auf. Das wackelt ein bisschen, aber der Elefantenrücken ist so breit, da kannst du ganz sicher nicht hinunterfallen. Ganz schön hoch hier – aber man hat auch einen tollen Ausblick. Und schon geht es los. Rumms, rumms, rumms ... Mit großen Schritten läuft der Elefant los. Das geht wirklich viel schneller. Und es ist auch viel weniger anstrengend. Von hier oben siehst du Löwen, Geparde und Warzenschweine. Auch eine Kolonie Erdmännchen kannst du entdecken.

***

Plötzlich bleibt der Elefant stehen und trompetet laut. Vor irgendetwas hat er sich erschrocken. Er zittert richtig. Du fragst ihn, was denn los sei – und mit bebender Stimme stammelt er: »D...d...da ist e...eine M...m...m...aus! Ein gefährliche M...m...maus!«

Und tatsächlich: Dort, vor den Vorderfüßen des Elefanten, sitzt eine winzige Maus und schaut den Elefanten und dich an.

»Ich will auch zum Fluss. Könnt ihr mich mitnehmen?«, fiepst sie. Der Elefant zittert noch mehr. Du springst von seinem Rücken, kniest dich hin und nimmst die Maus in deine Hände. Ihr Fell ist ganz weich, und ihre kleine Nase schnuppert an deinen Fingern.

Kannst du dem Elefanten erklären, dass er keine Angst haben muss?

***

Ganz vorsichtig hältst du dem Elefanten die Maus vor seinen Rüssel und sagst ihm, dass diese kleine Maus ihm bestimmt nichts tut. Langsam beruhigt er sich. Du setzt die Maus auf deine Schulter, wo sie sich direkt an deinen Hals kuschelt, und kletterst wieder auf den Rücken des Elefanten.

Zu dritt macht ihr euch wieder auf den Weg zum Fluss. Der Elefant trompetet ganz erleichtert, weil Mäuse offenbar doch keine gefährlichen Monster sind, und die Maus fiepst ganz begeistert, weil du den Elefanten überzeugt hast, sie mitzunehmen, und sie nun nicht den ganzen weiten Weg alleine laufen muss.

Ihr seid noch eine Weile unterwegs, seht noch viele andere Tiere und kommt schließlich am Fluss an. Zusammen mit der Maus springst du vom Elefanten hinunter und trinkst erstmal einen großen Schluck des frischen, klaren Wassers. Ah, das tut gut. Auch die Maus schlabbert ein bisschen Wasser, und der Elefant taucht seinen Rüssel in den Fluss. Irgendwie scheinen die beiden sich gut zu verstehen, jetzt, wo keine Angst mehr im Spiel ist. Ihr genießt das frische Wasser und lacht einander zu.

Plötzlich brüllt es laut hinter euch. Erschrocken dreht ihr euch um. Da steht ein stolzer Löwe mit wallender Mähne direkt vor euch. Er senkt seinen Kopf, als würde er sich vor dir verbeugen wollen.

»Sei gegrüßt, ___________ *(Name des Kindes)*! Du hast heute viel Mut bewiesen. Du hast dich alleine auf eine Safari, eine Reise, begeben. Du hast dich nicht vor dem großen Elefanten gefürchtet, bist sogar auf seinem Rücken geritten. Das trauen sich nicht viele Kinder. Und du hast dich nicht vor der Maus gefürchtet, obwohl dein großer Freund solche Angst vor ihr hatte. Du hast ihm sogar geholfen, seine Angst zu überwinden. Der Elefant kannte die Maus nicht und hatte deshalb Angst vor ihr. Aber als du ihm erklärt hast, dass so eine kleine Maus ihm ja nichts tun kann, hat er seine Furcht verloren. Ich glaube, die beiden sind jetzt sogar Freunde geworden. Und auch jetzt hast du keine Angst, obwohl ich ein so starker Löwe bin. Du hörst meine Worte, siehst in meine Augen und merkst, dass ich ein gutes Herz habe. Genau wie du ein gutes und mutiges Herz hast! Darum habe ich ein ganz besonderes Geschenk für dich mitgebracht ...«

Plötzlich erscheint zwischen seinen Vorderpranken eine leuchtende Kugel. Kannst du sie genau sehen? Was für eine Farbe hat sie?

***

Die Kugel schwebt langsam auf dich zu, berührt deine Brust dort, wo dein Herz sitzt, leuchtet noch einmal ganz hell auf und schmilzt dann in dein Herz hinein. Du fühlst das Licht ganz warm in deiner Brust.

»Das ist das Licht meines Löwenmuts«, sagt der Löwe. »Er wird dich noch mutiger machen und dich stets begleiten. Wann immer du für einen Moment Angst verspürst, kannst du an diese leuchtende, warme Kugel Löwenmut denken, die in deinem Herzen wohnt. Sie ist immer da für dich, und ich begleite dich ebenfalls in meinen Gedanken. Denk bitte immer daran, dass du auf einem Elefanten geritten bist, ihm die Angst vor der Maus genommen hast und nun einen Tropfen Löwenmut in dir trägst.«

Elefant und Maus lächeln dich an und zwinkern dir zu. Auch der Löwe lächelt. Alle drei sind ganz stolz auf dich!

»Nun ist es Zeit, sich von deinen beiden neuen Freunden zu verabschieden. Ich denke, sie werden zusammenbleiben und sich gegenseitig unterstützen – und du kannst sie auch immer wieder in deinen Träumen, deiner Fantasie und deinen Spielen besuchen kommen. Wenn du möchtest, bringe ich dich nun zurück. Jetzt kannst du noch mal ganz mutig sein und auf einem Löwen reiten ... Was meinst du?«

Du verabschiedest dich von der Maus und dem Elefanten, drückst beide noch einmal und kletterst dann auf den Rücken des Löwen. Der dreht sich um und rennt los. Der Wind pfeift dir durch die Haare, so schnell ist er. Ihr kommt wieder an den Geparden vorbei, den Giraffen, den Gnus und den Antilopen ... Die Landschaft fliegt an dir vorbei, die Sträucher, die Bäume, das Gras der Savanne ...

Dann hält der Löwe an, und du steigst von seinem Rücken.

»Auf Wiedersehen, ___________ *(Name des Kindes)*! Ich hoffe, wir sehen uns bald wieder. Denk immer an das, was du heute erlebt hast. Denk an den leuchtenden Tropfen Löwenmut in deinem Herzen – und denk daran, wie tapfer du heute schon warst, bevor du den Tropfen von mir bekommen hast. Du musst nun vor nichts mehr Angst haben, genau wie der Elefant dank dir keine Angst mehr vor der Maus haben muss!«

Er berührt mit seiner großen Tatze dein Herz, dann dreht er sich um und läuft wieder zurück zu seinem Rudel.

Atme noch einmal tief durch. Spüre die Wärme der afrikanischen Sonne. Spüre den Tropfen Löwenmut in deinem Herzen. Und öffne dann langsam deine Augen, recke und strecke dich ein bisschen – und sei wieder ganz hier.

Mutig sei dein Herz, fröhlich sei dein Leben!

Krafttiersuche

Eine Krafttiersuche verbindet mit der ursprünglichen Kraft, die jedem Menschen innewohnt. Das Krafttier kann als stetiger Begleiter erfahren werden, auf den immer Verlass ist. (Diese Reise bitte erst durchführen, wenn schon ein paar Erfahrungen mit anderen Reisen gemacht wurden.)

Warst du schon einmal ganz früh am Morgen draußen in der Natur spazieren? Oder später am Abend, wenn es dämmert? Kennst du den Geruch von taubedecktem Gras oder Blättern am frühen Morgen oder die stille, laue Abendluft?

In alten Zeiten sagten die Menschen, dass diese Momente der Dämmerung, wenn die Nacht zum Tag wechselt oder der Tag in die Nacht übergeht, eine ganz besondere Stimmung, eine besondere Kraft hätten. Sie sagten, dass die »Schleier zwischen den Welten« dann ganz besonders dünn seien und man so besonders leicht die Welt neben unserer Welt, die Anderswelt, betreten könne.

***

Lass uns diese besondere Energie für dich nutzen und auf eine kleine Reise gehen.

Am besten machst du es dir nun ganz gemütlich. Du kannst liegen oder sitzen und dich auch zudecken, wenn du magst.

Schließe nun deine Augen, damit deine Fantasie erwacht. Nimm drei tiefe Atemzüge, und komme mit jedem Atemzug ganz an deinem gemütlichen Ort an, und öffne die inneren Augen immer mehr, damit deine Reise beginnen kann. Lass dich überraschen, ob du früh morgens oder abends in der Dämmerung aufbrichst ...

***

Stelle dir jetzt vor, dass du auf einer Wiese stehst – auf einer wunderschönen Wiese. Welche Zeit des Tages ist es gerade? Wie riecht die Luft an diesem Ort, und wie fühlt sie sich auf deiner Haut an?

***

Schaue dich um, und nimm die Landschaft ganz in dich auf. Vielleicht kannst du Hügel oder Berge erkennen, vielleicht siehst du Bäche oder einen kleinen Teich, vielleicht entdeckst du Bäume und Sträucher ...

Als du vor dir auf den Boden schaust, siehst du, wie mitten auf dieser Wiese, direkt vor deinen Füßen, ein kleiner Weg entspringt, der eben noch nicht da war – er breitet sich vor dir aus wie ein Teppich, der ausgerollt wird. Kannst du seine Beschaffenheit erkennen? Wächst Moos darauf, liegen kleine Kieselsteine auf dem Weg, oder besteht er aus umgeknickten Grashalmen? Fühlen sich deine Schritte darauf weich an, also gibt der Boden leicht nach? Probiere es einmal aus, und mache deine ersten Schritte darauf.

»Bssssss...!«, hörst du plötzlich ganz nah. Was ist das? »Bsssss! Bitte erschrick nicht! Ich möchte dich begleiten und dir den Weg weisen«, summt eine kleine Biene direkt neben dir in dein Ohr. Sie ist ganz nah bei dir, und sie scheint zu wissen, dass du ihren Stachel fürchten könntest – sei unbesorgt, sie ist ein weises Wesen der Erde und dir wohlgesonnen. Früher sagte man: »Frage die Bienen nach der Weisheit der Druiden«, und es bedeutete, dass die Menschen die Bienen für ebenso weise hielten wie Magier, Hexen und Zauberer und eben die Druiden selbst. Du kannst dich glücklich schätzen, dass sie dich begleiten möchte.

Die Biene summt leise vor sich hin und ist dir eine halbe Schrittlänge voraus. Während du so den Weg entlanggehst, hast du Zeit, dir weiter die Landschaft um dich herum anzuschauen. Nimm alles wahr, was du siehst, was du riechst und auch hörst.

»Ich lade dich ein, mit in die Anderswelt zu kommen und dort dein Krafttier kennenzulernen. Das ist ein sehr schönes Erlebnis, und du wirst nie mehr in deinem Leben allein sein, wenn du mit ihm Freundschaft geschlossen hast!«, sagt die Biene nun. »Lass dich nur von dem Namen Krafttier nicht irreführen. Es muss kein besonders großes oder starkes Tier sein, denn jedes Tier – egal, wie klein, zart, niedlich oder langsam, hat eine ganz spezielle Kraft, die ihm zur Verfügung steht und die es mit dir teilen wird. Es ist immer genau die Kraft, die du brauchst und die dich auf deinem Weg unterstützt.«

Das klingt richtig gut! Vielleicht hast du sogar schon instinktiv nach oben oder zur Seite geschaut, ob das Tier bereits da ist?! Folge der Biene weiter auf dem Weg, und versuche, ganz offen zu bleiben für absolut jedes Tier, das sich zeigen mag – ja, genau: JEDES. Das ist sehr wichtig, denn die Tiere wissen genau, zu welchem Menschen sie passen und wo sie gebraucht werden. Oftmals haben wir eine ganz andere Vorstellung von den Tieren und können nicht einmal erahnen, welche Kraft sie uns schenken werden. Also setze deine Schritte weiterhin auf diesen Weg, und bleibe dabei ganz offen.

***

In einiger Entfernung siehst du nun mitten auf dem Weg ein riesiges Tor. Es ist links und rechts von zwei großen, alten Birken eingerahmt. Seltsam ... ein einzelnes Tor, ohne Haus oder etwas anderes ... Was kann das sein?

»Dies ist das Tor zur Anderswelt, und du wirst dahinter dein Krafttier treffen. Lass uns noch ein bisschen weiter darauf zugehen«, summt die Biene dir zu.

Ihr kommt näher, und du kannst erkennen, dass es ein sehr schönes, hölzernes Tor mit vielen Schnitzereien ist. Teilweise sind es Symbole oder Schnörkel, und teilweise sehen sie fast aus wie Geschichten oder Comics. In der Mitte des Tores ist ein großer, goldener Ring an einem Knauf, und du weißt, dass man damit anklopfen kann.

»Wenn du gleich dein Tier triffst, dann darfst du gern mit ihm sprechen und es alles fragen, was dich interessiert. Du kannst zum Beispiel fragen, warum gerade dieses Tier dein Krafttier ist – es wird dir die Antwort verraten. Gehe ein wenig mit ihm in seine Welt, und wenn du zurückkommst, werde ich hier auf dich warten. Und nun klopf an. Viel Spaß!«

Bestimmt bist du schon ganz gespannt, greifst zum Türklopfer und klopfst dreimal an. Ganz langsam öffnet sich das Tor, und dahinter wartet es bereits auf dich!

Dein Krafttier.

***

Falls du es noch nicht sehen kannst, weil es nicht direkt hinter dem Tor gewesen ist, dann schaue auch nach oben in die Lüfte oder bücke dich nach unten. Vielleicht ist es irgendwo, wo du es nicht vermutest ...

***

Wenn du bisher noch nicht darauf zugegangen bist, so kannst du dies nun nachholen. Nähere dich an, streichle das Tier, wenn du magst, oder halte ihm erst die Hand hin, damit es deine Witterung aufnehmen kann. Es wird mit dir Kontakt aufnehmen, ganz auf seine Weise.

***

Möchtest du wissen, warum gerade dieses Tier dein Krafttier ist? Welche besonderen Fähigkeiten kann es dir geben, was bringt es dir bei, und wofür kann es dir eine Hilfe sein? Nimm dir nun in Ruhe Zeit, deinem Tier solche Fragen zu stellen, und sei offen für die Antworten – ob sie nun als Sätze kommen, die du hörst, oder als Bilder und Geschichten, die du sehen kannst. Beobachte alles, und wisse, dass alles, was nun geschieht, Teil deiner Antwort ist.

*** *(längere Pause)*

Du spürst, dass es nun Zeit ist, wieder nach Hause zu gehen. Und so verabschiedest du dich langsam von deinem Krafttier. Vielleicht magst du dich bedanken oder etwas sagen, was dir aufgefallen ist oder auf dem Herzen liegt. Nimm dir nun einen Moment, um dich zu verabschieden, und wisse, dass du jederzeit wiederkommen kannst, um wichtige Fragen zu klären oder einfach gemeinsam zu spielen.

***

Und wo auch immer ihr gemeinsam unterwegs wart, nun steht ihr gemeinsam vor dem großen Tor, und nun ist es wirklich Zeit, um »Auf Wiedersehen« zu sagen.

Du schaust dein Tier ein letztes Mal an oder streichelst es und wendest dich nun dem Tor zu, das sich auch sogleich für dich öffnet. In der Luft surrt die Biene herum, die geduldig auf dich gewartet hat. Du trittst durch das Tor hindurch, das sich auch kurz danach langsam wieder verschließt.

»Ich bin sicher, du hattest schöne Erlebnisse – deine Augen leuchten so fröhlich!«, summt dir die Biene zu. Vielleicht kannst du spüren, wie du lächelst oder dein Gesicht sich entspannt. Und wieder fliegt die Biene ein klein wenig voraus. Dieses Mal müsst ihr jedoch gar nicht so weit gehen. Seltsamerweise erkennst du dort schon die Wiese, auf der du gestartet bist ...

»So ist es immer«, sagt die Biene, »denn angefüllt mit so viel Kraft möchte man auch schnell wieder ins normale Leben zurück!«

Es ist nun also auch an der Zeit, dass du dich von der Biene verabschiedest. Vielleicht werdet ihr euch schon bald wiedersehen.

***

Jetzt mache langsam drei tiefe Atemzüge, und spüre dabei in deinen Körper hinein, der gerade gemütlich sitzt oder liegt. Nimm wahr, wo du gerade bist. Bewege langsam deine Finger und auch deine Zehen. Vielleicht magst du dich recken und strecken. Mache langsam deine Augen auf, und freue dich auf die ganz besondere Kraft, die dir nun zur Verfügung steht!

Fröhlich sei dein Tag, kraftvoll sei dein Leben!

»Was ich richtig gut kann …« (Visionssuche)

Eine Visionssuche verbindet das Kind mit den ihm innewohnenden Talenten und gibt ihm das Gefühl, begabt zu sein, zu strahlen und etwas richtig gut zu können. (Diese Reise bitte erst durchführen, wenn ein paar Erfahrungen mit anderen Reisen gemacht wurden.)

Jeder von uns trägt das Leuchten und die Kraft der Sonne in sich und kann für sich und andere ein helles Licht sein, das die Welt zu einem herzlichen und freundlichen Ort macht. Die Sonne kennt ihren Platz am Himmelszelt und legt in ihre Strahlen ihre ganze Kraft. Wenn wir selbst um unseren Platz und unsere besonderen Fähigkeiten wissen, können auch wir Menschen all unsere Kraft nutzen und hell strahlen. Genau wie die Sonne nicht plötzlich nachts erscheint, weil sie lieber der Mond sein möchte, ist es auch für jeden Einzelnen von uns wichtig, ganz er oder sie selbst zu sein, statt ein anderer sein zu wollen oder sich dauernd zu vergleichen. Wir alle sind einzigartig, voller Talente und besitzen Strahlkraft – ohne Ausnahme. Das Schöne daran ist auch, dass diese besondere Kraft eines Menschen ganz von allein zu fließen scheint. Das, was dich ausmacht, macht dir so viel Spaß, dass es dir nicht wie lernen oder sich anstrengen müssen erscheinen wird.

Lass uns gemeinsam losziehen und diese besondere Kraft in dir finden.

Am besten machst du es dir dazu ganz gemütlich, damit du gleich mit voller Aufmerksamkeit und Staunen auf diese Reise gehen kannst.

Schließe nun deine Augen, und nimm drei tiefe Atemzüge, damit deine Fantasie mit jedem einzelnen Atemzug mehr erwacht.

***

Stelle dir jetzt vor, dass du hoch oben in den Bergen inmitten einer wundervollen Landschaft stehst. Kennst du diesen Ort bereits, oder ist er dir ganz neu? Schaue dich um, was du alles entdecken kannst. Wachsen hier besondere Blumen oder Pflanzen, die du noch nie gesehen hast?

Welche Zeit des Tages ist es gerade?

Ist es windstill hier oben, oder weht eine sanfte Brise?

Wie riecht die Luft an diesem Ort, und wie fühlt sie sich auf deiner Haut an? Atme noch einmal tief durch, und nimm die klare, frische Höhenluft tief in dir auf.

***

Hoch über dir nimmst du nun einen Vogelruf wahr, du hörst Flügelschläge, und es fühlt sich so an, als kämen diese immer näher. Kannst du den großen Vogel bereits sehen, oder blendet dich die Sonne, aus der er zu kommen scheint?

***

Der große Vogel kommt immer näher, und du kannst erkennen, dass es ein Adler ist – obwohl er noch viel größer erscheint, als es Adler normalerweise sind. Wie ein Riese der Tierwelt. Da landet er direkt vor dir, und seine Flügelspannweite ist beeindruckend, als du ihn so nah vor dir siehst. Der Adler blickt dich freundlich an und spricht mit einer ruhigen, sanften Stimme zu dir: »Wie schön, dass du gekommen bist! Es ist mir eine Freude, dich zu einem kraftvollen Ort zu bringen, und eine Ehre, mit dir zu schauen, in welche Höhen du hinaufsteigen kannst, um auf der Erde zu strahlen. Magst du auf meinen Rücken aufsteigen und mit mir fliegen?«

Vielleicht erinnert dich diese Szene an etwas, was dir vertraut ist oder du zu kennen meinst, und du hast Lust, mitzufliegen und nun endlich deine besondere Kraft kennenzulernen. Klettere auf den Rücken des Adlers, und halte dich gut an seinen starken Federn fest.

***

Der Adler wartet geduldig, bis du einen guten Sitz und einen sicheren Halt auf ihm gefunden hast, breitet dann seine riesigen Schwingen aus und hebt mit dir gemeinsam in die Lüfte ab.

Ihr fliegt weit nach oben, könnt die Spitzen der Berge sehen, auf denen du gerade noch gestanden hast, fliegt hoch über die Wolken und scheinbar fast in die Sonne hinein – so hell leuchtet es dort. Vielleicht kannst du bestimmte Klänge wahrnehmen, Geräusche oder Töne? Ihr fliegt höher und höher hinauf ...

***

Auf einmal verändert sich der Flug des Adlers, und er dreht leicht ein, um zur Landung anzusetzen. Ihr seid so weit nach oben geflogen, weit über die Erde hinaus. Dort scheint es tatsächlich einen Ort zu geben, auf dem eine Landung möglich ist. Jenseits des Himmels, den wir kennen, jenseits der Wolken und der Sterne. Nun landet ihr sanft, und du darfst absteigen und dich ein wenig umsehen. An was für einem Ort bist du gelandet? Wie sieht er aus, und wie fühlt er sich an?

***

Der Adler richtet sich ein wenig auf und sagt zu dir: »Dort hinten kommt der Hüter der besonderen Fähigkeiten. Schau mal! Er wird dich gleich zu einem Ort bringen, an dem du deine eigene ganz besondere Kraft entdecken wirst.«

Tatsächlich nähert sich eine Gestalt, die geradewegs auf euch zukommt. Das kann ein Mann sein oder eine Frau, es kann auch ein engelsgleiches oder magisches Wesen sein oder eines, das du nicht richtig benennen kannst, weil du es noch nie zuvor gesehen hast. Wie zeigt sich dir der Hüter der besonderen Fähigkeiten? Ist er sehr groß oder klein? Was fällt dir auf?

***

»Herzlich willkommen an diesem kraftvollen Ort!«, begrüßt euch der Hüter freundlich. »Ihr habt eine weite Reise hinter euch, und ich möchte euch nicht länger gespannt warten lassen – kommt mit, folgt mir, ich bringe euch zum See der strahlenden Kraft.« Und so folgt ihr dem Hüter, wie euch geheißen wurde.

Die Landschaft wird immer grüner und blühender – wahrhaft alles steht in voller Blüte, ist gut genährt und zufrieden. Es ist ein Ort der Fülle und des bunten Reichtums. Alle Farben sind vertreten, und während ihr durch diese Landschaft geht, fühlt es sich fast so an, als sei hier einfach alles möglich.

***

In einiger Entfernung erblickst du eine Hügelkuppe, über die sich ein Weg zu schlängeln scheint – und tatsächlich schlägt der Hüter der besonderen Fähigkeiten diesen Weg über den grünen Hügel ein. Ihr folgt ihm weiterhin und erreicht bald die Hügelkuppe, von der wiederum ein schmaler Pfad in ein winziges Tal hinabführt, das dort ein wenig versteckt liegt.

»Dort unten ist der See der strahlenden Kraft, liebes Menschenkind. Es sind nur noch wenige Schritte bis dorthin, und ich bitte dich, diese allein zu gehen. Du kannst ihn nicht verfehlen. Wenn du am Ufer des Sees angekommen bist, atme noch einmal tief durch, und schaue dann auf die spiegelglatte Oberfläche – sie wird dir deine strahlende Kraft und deine ganz besonderen Fähigkeiten offenbaren.« Mit diesen Worten gibt dir der Hüter einen sanften Schubs in die Richtung, in die du gehen sollst. Der große Adler nickt dir freundlich zu, und beide scheinen sich für dich zu freuen. »Wir warten hier auf dich, bis du genug gesehen hast und zurück nach Hause fliegen möchtest. Bis gleich!«

Das ist gut zu wissen und gibt dir Sicherheit für die Schritte, die nun vor dir liegen. Du kannst den See schon sehen, und wahrscheinlich bist du auch schon gespannt, was er dir zeigen wird, nicht wahr?! Nimm gleich ganz genau alles wahr, was du sehen wirst. Was du tust, wie du dabei aussiehst, vielleicht auch, was du anhast oder was sonst geschieht.

Der Hüter hatte recht, es sind nur sehr wenige Schritte, und du bist schon angekommen. Nun nimm einen tiefen Atemzug, und lass dich überraschen, was der See dir zeigt ...

*** *(lange Pause)*

Du spürst, dass der See dir nun all das gezeigt hat, was für heute für dich wichtig ist. Es gibt noch vieles mehr zu wissen und zu sehen, das spürst du genauso deutlich – doch für heute ist alles Wichtige für dich sichtbar geworden. Du weißt, dass du nun zum Adler und zum Hüter zurückkehren kannst. Nimm für jetzt Abschied von diesem Ort, und wisse, dass du jederzeit wiederkommen und erneut deine Kraft anschauen kannst.

Der See liegt nun still in seinem winzigen Tal eingebettet da, als du dich abwendest, um deinen kurzen Weg zurück zu den beiden Wesen zu machen. Als Erstes siehst du den riesigen Adler, und dann taucht daneben auch der Hüter wieder auf. Sie schauen dich erwartungsvoll an – vielleicht magst du ihnen erzählen, was du gesehen hast?! Sie freuen sich sicher darüber ...

***

Der Hüter lächelt liebevoll, und auch der Adler freut sich mit dir, scheint allerdings von einem großen Bein auf das andere zu treten. Du verstehst sofort, dass er dich nun nach Hause zurückbringen muss. Es ist an der Zeit, dass du dich von dem Hüter der besonderen Fähigkeiten verabschiedest –

und wenn du magst, bedanke dich für seine Wegführung und Hilfe.

Der Adler macht sich so klein er kann, beugt sich zu dir herab und deutet dir an, auf seinen Rücken zu klettern. »Wir können direkt von hier losfliegen«, sagt er. Du winkst dem Hüter noch einmal zu, und er erwidert deinen Gruß. Dann hebt ihr ab, macht eine kleine Wendung und fliegt sanft hinab zur Erde, immer tiefer, vorbei an den Wolken und durch sie hindurch ... bis du unter dir plötzlich die Bergspitzen erkennen kannst, die Landschaft, wo eure gemeinsame Reise begonnen hat. Der Adler setzt zum Landeanflug an, und – kaum, dass ihr gelandet seid – beugt er sich wieder so hinab, dass du ganz bequem hinunterklettern kannst.

Es ist an der Zeit, sich nun auch bei ihm für seine Hilfe und den gemeinsamen Flug zu bedanken und dich von ihm zu verabschieden.

***

Dann nimm langsam wieder drei tiefe Atemzüge, und spüre dabei in deinen Körper hinein, spüre, wo du gerade bist. Bewege langsam deine Finger, deine Zehen, und wenn du magst, recke und strecke dich. Mache langsam deine Augen auf, und freue dich auf deine ganz besondere Kraft, mit der du die Welt ein ganzes Stück heller machen kannst!

Fröhlich sei dein Tag, leuchtend sei dein Leben!

Willkommen bei den Erdwichteln

Diese Reise kann dabei helfen, schwere und bedrückende Gefühle zu transformieren. Sie eignet sich besonders für eine Zeit der Sorgen und Ängste.

Manchmal fühlen wir uns schwerer, als wir in Wirklichkeit sind. In diesen Zeiten belastet uns irgendetwas – sei es im Außen, Dinge, die wirklich passieren oder passiert sind, oder in unserem Inneren, Sorgen oder Ängste, die sich schwer auf unser Herz legen oder die Schultern etwas niederdrücken. Vielleicht hast du gerade eine besonders schwere Zeit und möchtest zu deiner Fröhlichkeit und Unbeschwertheit zurückfinden?

Dann lass uns gemeinsam eine kleine Reise zum Erdelement unternehmen, das dir dabei helfen kann.

Finde dazu eine ganz gemütliche Position für dich – im Sitzen oder im Liegen, und wenn du magst, dann decke dich zu oder kuschle dich an etwas an, das du sehr gern hast – eine weiche Decke oder ein Kuscheltier.

Schließe jetzt deine Augen, damit du eine Reise in dein Inneres machen kannst, und atme dreimal tief durch.

***

Stelle dir nun vor, dass du in deiner allerliebsten Landschaft inmitten der Natur stehst. Wo es auch sei – am Meer mit seiner salzigen Brise, in den Bergen mit ihren duftenden

Wiesen oder in einem Feld oder einem Wald ganz in der Nähe deines Zuhauses … oder an einem Ort, den nur du dir gerade vorstellen kannst. Gehe dorthin, wo du dich am wohlsten fühlst und gerade von Herzen gern sein magst.

Schaue dich dort um, schnuppere in die Luft, lausche … Kannst du etwas Bestimmtes riechen? Das Gras oder vielleicht Blumen?

Was kannst du hören? Vielleicht Vögel, summende Insekten oder auch andere Tiere? Und siehst du diese Tiere auch? Welches Wetter und welche Jahreszeit herrschen gerade an diesem Ort? Male dir alles genau so aus, wie es für dich gerade schön ist.

***

Da hörst du plötzlich ganz in deiner Nähe ein Hüsteln. Siehst du etwas? Da unten zu deinen Füßen ist ein winziges Wesen … Ist das ein Zwerg? »Nein, ich bin ein Erdwichtel! Du kennst mich wohl nicht, was?«, sagt das Wesen ein kleines bisschen empört, weil es mit einem Zwerg verwechselt wurde. »Ich wollte dich nicht stören, als du dir deine schöne Landschaft angeschaut hast. Aber ich habe gesehen, dass dich etwas bedrückt, und ich glaube, ich kann dir helfen … wenn du magst?!«, erklärt der kleine Erdwichtel weiter.

Schaue ihn dir ruhig ein wenig genauer an, bevor du dich entscheidest. Was hat der kleine Wichtel an? Sieht er witzig aus? Ist er schon ganz alt oder genau wie du ein Kind? Magst du gern seine Idee hören? Überlege es dir kurz …

***

»Oh ja, bitte komm mit – es kommen nur noch selten Menschen zu uns und vertrauen uns ihre schweren Gefühle an.

Dabei ist es so wichtig für uns Wichtel und auch für die Erde, da wir sonst keine Arbeit haben und kein Gleichgewicht. Komm mal mit, ich zeige dir ein kleines Guckloch, da kannst du kurz spicken, was meine Kollegen machen ... na los ...«, lädt dich der kleine Wichtel dringlich klingend ein.

Du folgst ihm gern erst einmal zu diesem Guckloch. Er klettert ganz flink über ein paar dicke Äste und Zweige, die der Wind von den Bäumen geweht hat, und du musst dich ordentlich beeilen, um mit seinem Tempo Schritt zu halten. Der kleine Kerl kennt sich hier wirklich sehr gut aus und bahnt sich überall seine Wege.

Nun macht er Halt an einem alten, sehr dicken Baumstumpf, der innen hohl zu sein scheint. »Hier sind wir. Schau mal hinunter – da kannst du meine Kollegen bei der Arbeit sehen«, winkt er dich zu dem hohlen Baumstumpf heran.

Du kommst näher und beugst dich über den Stumpf. Man kann sehr weit hinunterblicken. Es ist alles so klar und nah zu sehen, als wäre hier statt eines Fensters ein Vergrößerungsglas angebracht. Viele kleine Erdwichtel tummeln sich dort neben kleinen Waggons aus Holz, die auf einer Art Schienennetzwerk stehen. Es erinnert ein wenig an eine Modelleisenbahnlandschaft.

»Hier kannst du sehen, dass sie gar nicht so viel zu tun haben, die Waggons sind alle fast leer. Das ist schade«, sagt der Erdwichtel. »Weißt du, wenn die Menschen Sorgen oder Ängste haben und diese der Erde übergeben, dann können wir aus diesen Gefühlen all die Schwere abtransportieren und tief ins Innere der großen Mutter Erde bringen, sodass diese sie verwandeln kann und Nahrung erhält. Du kennst das vielleicht schon von den Pflanzen, dass diese all die verbrauchte Luft einatmen, sie verwandeln und dann gereinigt wieder ausatmen. Sie nehmen also das, was für uns unbrauchbar ist, und verwandeln es in gesunde Luft. Mutter Erde kann die Gefühle aufnehmen, die uns schwer machen, sie in sich verwandeln und uns dafür Vertrauen und Freude schenken. Leider kommen immer weniger Menschen, die ihre Sorgen und Ängste abgeben und verwandeln lassen, weswegen Mutter Erde weniger verwandeln kann und meine Kollegen weniger Material in ihren Waggons haben. Siehst du? Dabei freuen wir uns alle auf diese Arbeit und auf die Fröhlichkeit, die wir dadurch bringen dürfen! Darf ich vielleicht deine Sorgen und Ängste mitnehmen, damit in den Waggons für uns mehr drin ist?«

Mutter Erde und all diese Erdwichtel würden sich sehr freuen, wenn sie dir helfen dürften. Magst du ihnen deine Gefühle übergeben? Du würdest dich wieder leichter und fröhlicher fühlen und all diese Wichtel hier würden das ebenfalls – wäre das nicht toll?!

Nimm dir nun eine Weile Zeit, deinen Körper zu erspüren. Bedrückt dich etwas? Machst du dir Sorgen, oder hast du vor etwas Angst? Wo in deinem Körper kannst du das am meisten spüren? Oder ist es überall gegenwärtig? Alle deine Gefühle, die du nicht länger so spüren magst, kannst du jetzt in dir aufsteigen lassen.

***

Da hält dir der kleine Erdwichtel einen Stein an deine Beine, so groß, dass er ihn kaum allein halten kann. Er erinnert damit fast ein wenig an eine Ameise, die mehr als ihr eigenes Körpergewicht trägt. Nimm ihm diesen Stein ab, er scheint wichtig zu sein. »Puh! Vielen Dank. Dieser Stein ist extra für dich. Bitte übergib ihm all das, was in deinem Körper drückt oder dich traurig macht! Manche Menschen können dies über ihren Atem übertragen und pusten dazu dreimal ganz kräftig alles in den Stein hinein. Andere können es über ihre Gedanken in den Stein schicken und halten ihn dazu an die Stirn und atmen einmal tief ein und aus, während sie es in den Stein schicken. Und wieder andere halten ihn an das Herz und drücken ihn mit beiden Händen fest an sich, damit alles, was das Herz belastet, in den Stein übergeht. Wie magst du es hineinschicken? Vielleicht hast du sogar noch eine neue Idee«, meint der Erdwichtel.

Spüre kurz nach, und mache dann genau das, was sich für dich richtig anfühlt. Übergib deinem Stein deine schweren Gefühle ganz so, wie du es tun magst.

***

Du spürst, dass du leichter wirst und dich fröhlicher fühlst. Vor allem merkst du, dass der kleine Erdwichtel neben dir fröhlich auf und ab hüpft und du scheinbar alles richtig gemacht hast, so sehr, wie er sich gerade freut und übers ganze Gesicht strahlt!

»Danke, lieber Mensch, du hast uns allen sehr geholfen! Nun wirf diesen Stein hier an der Seite in das Loch.«

Aha, da neben dem Baumstumpf ist ein hohler Ast, der aus der Erde ragt und scheinbar eine Art Rohrpost darstellt. Du wirfst deinen Stein dort hinein und kannst sehen, dass die kleinen Kollegen deines Erdwichtels nun auch alle auf und ab hüpfen und sich freuen. Dein Stein ist bei ihnen angekommen, und sie beginnen bereits, an ihm zu arbeiten. »Wenn sie fertig sind, werden sie ihn verladen und in die

Tiefe bringen – doch das kann man von hier aus nicht sehen. Ich kann dich deswegen gern jetzt schon zurückbringen, wenn du magst. Bitte komm wieder, wenn es dir nicht gut geht, damit wir dir helfen können und unser Werk tun dürfen. Machst du das?«, fragt dich der Erdwichtel hoffnungsvoll.

Wenn du magst, kannst du nicken und dich bei ihm bedanken oder noch etwas sagen.

***

Dann spürst du, dass es wirklich Zeit ist, sich zu verabschieden, denn der kleine Kerl muss seinen Kollegen bei der Arbeit helfen.

Er schaut dich einmal ganz fest an, und du hörst ein Fingerschnippen: Schnipp!

Und schon stehst du wieder inmitten der wunderschönen Landschaft, die du dir ganz zu Beginn gewünscht hast. Schaue dich noch einmal um, und atme den Duft dieser Landschaft ein, in der du dich so wohlfühlst. Kannst du schon spüren, dass du dich leichter und vielleicht auch fröhlicher fühlst?

Nimm nun zum Abschluss drei tiefe Atemzüge, und spüre mit jedem davon ein wenig mehr, wo du bist und wer vielleicht bei dir ist. Bewege deine Hände, deine Zehen, recke und strecke dich, und öffne langsam deine Augen, wenn du so weit bist, wieder voll und ganz hier anzukommen.

Fröhlich sei dein Tag, fröhlich sei dein Leben!

Feuerzeremonie

Die Kinder erleben während dieser Reise ein Ritual, in dem sie geben und empfangen. Es eignet sich auch dazu, negative Emotionen aufzulösen oder zu transformieren. Positive Emotionen werden eingeladen, und die Kinder können sich etwas wünschen.

Am besten machst du es dir nun ganz gemütlich. Du kannst liegen oder sitzen und dich warm zudecken, wenn du magst.

Schließe nun deine Augen, damit deine Fantasie erwacht.

Nimm drei tiefe Atemzüge, und komme mit jedem Atemzug ganz an deinem gemütlichen Ort an, damit deine Reise beginnen kann.

***

Stelle dir jetzt vor, dass du auf einer Wiese stehst – auf einer wunderschönen Sommerwiese. Die Sonne scheint warm auf das Gras herunter, die Vögel zwitschern am Himmel, kleine Insekten fliegen von Blume zu Blume.

Mitten auf dieser Wiese siehst du einen Baum mit einer mächtigen Krone und einem dicken Stamm. Du spürst, dass dies ein ganz besonderer Ort ist, ein ganz besonderer Baum. Gehe einfach auf diesen Baum zu. Vielleicht ist da sogar ein kleiner Weg, oder du bahnst dir deinen Weg durch das Gras hindurch ... Kannst du erkennen, was für ein Baum das ist?

Kennst du seinen Namen? Du kannst die Rinde des Baumes befühlen oder die Blätter und ihre Maserung – Bitte reiße keines ab! – Befühle jedoch gern alles, was du mit deinen Händen erreichen kannst.

»Pssst!« hörst du plötzlich von ganz nah. Was ist das? »Pssst! Hier bin ich, schau mal nach oben!« Und dort, oben in der Baumkrone, sitzt ein kleines, grünes Wesen, das dich verschmitzt angrinst. »Schön, dass du hierhergekommen bist! Wir freuen uns über jedes Kind, das wir beschenken dürfen! Magst du etwas ganz Tolles erleben, etwas, was dich verwandeln kann?«

Das kleine Wesen strahlt ein ganz besonderes Licht aus, und du spürst Vertrauen zu ihm. Du spürst, dass du gleich etwas sehr Schönes erleben wirst, und sagst Ja.

»Ich lade dich ein, mit in meine Welt zu kommen und dort eine Feuerzeremonie zu machen. Dazu müsstest du nur aus deiner Welt zwei Gegenstände mitbringen, die du im Feuer verbrennen kannst. Blätter, Stöckchen oder so etwas. Such dir etwas aus, und klettere dann damit zu mir hoch, okay?!«

Und so suchst du um den Baum herum nach zwei kleinen Stöckchen oder Blättern, oder vielleicht möchtest du auch ein Stöckchen und ein Blatt nehmen? Oder liegt dort vielleicht eine Eichel oder eine Haselnuss? Du kannst einen Blätterhaufen mit deinem Fuß beiseiteschieben, im Gras und zwischen den großen Wurzeln des Baumes suchen.

Mit beiden Gegenständen kletterst du nun auf den Baum, in dessen Krone das kleine grüne Wesen schön fröhlich auf und ab wippt.

»Hier ist eine ganz tolle Rutsche, die nicht zu schnell ist – es kribbelt nur ein kleines bisschen lustig im Bauch –, und gleich, wenn wir unten ankommen, sind wir direkt im heiligen Hain. Das ist ein kleiner Zauberwald mit einer Lichtung in der Mitte. Dort werden wir schon erwartet!«

Ihr schaut euch noch einmal freudig an, nehmt euch an den Händen ... und schon rutscht ihr im Inneren des Baumstammes immer tiefer hinab. Obwohl es dunkel ist und du fast nichts sehen kannst, hast du keine Angst! Die kleine warme Hand schenkt dir Vertrauen.

Da – es wird heller, und schon kommt ihr herausgerutscht und landet tatsächlich am Rande eines kleinen Waldes, durch den helles Licht flackert. Du siehst einen schmalen Weg, der direkt in den Wald hineinführt, und in der Ferne kannst du ein Lagerfeuer erkennen. Das grüne Wesen drückt einmal kurz deine Hand und sagt: »Los, komm!«, und ihr macht euch auf den Weg zu diesem Feuer in der Mitte des Waldes.

Ihr kommt immer näher, und du siehst, dass dort jemand am flackernden Feuer sitzt. Es stimmt also, dass schon jemand wartet.

Am Feuer sitzt eine alte Elfe oder ein alter Zwerg, es kann jeweils ein Mann oder eine Frau sein – gehe einfach näher heran, um es gut zu erkennen ... Lass dich nicht täuschen, falls das Gesicht noch sehr jung aussieht, denn die Naturwesen sehen meistens nicht so alt aus, wie sie wirklich sind.

»Die große Mutter Erde, die Natur, kann uns lehren, etwas zu geben, damit wir dann etwas empfangen können. Was wir gleich hier tun werden, ist nur für dieses spezielle Feuer und unsere gemeinsame Zeremonie hier bestimmt. Und so bitte ich dich, zuerst an etwas zu denken, was vielleicht nicht so gut klappt, was dich beschäftigt oder dich vielleicht sogar an dir selbst ärgert oder dich traurig macht. Vielleicht warst du gemein zu deinem Bruder oder deiner Schwester, und jetzt tut es dir leid? Vielleicht bist du beim Sport oder draußen beim Spielen immer so schnell aus der Puste, dass du nicht mehr mitmachen kannst, und das ärgert dich sehr. Was es auch sei, wenn du diese eine Sache erkannt hast, dann kannst du dich nun entscheiden, ob du es dem Feuer zum Verwandeln anvertrauen möchtest. Das Feuer wird es verbrennen und etwas Neues daraus machen ... Wenn du also gemein zu deiner kleinen Schwester oder deinem kleinen Bruder warst, weil sie oder er dich manchmal einfach nervt, so kannst du z.B. deine Ungeduld ins Feuer werfen. Oder wenn du auch zu anderen manchmal gemein bist, dann kannst du das komplette Gemein-Sein hineinwerfen. Vielleicht auch einfach deine Kurzatmigkeit beim Rennen, also die kurze Puste.

Wenn du dich entschieden hast, dann sieh mal die beiden Gegenstände, die du mit hierhergebracht hast, an. Welcher davon passt gut zu dieser Sache, die du aufgeben willst?

Und diesen nimmst du nun und hältst ihn mit beiden Händen vor deinen Mund. Denk noch einmal an dich und die Sache, die du nicht mehr haben möchtest, und dann puste dreimal kräftig in das Blatt oder Stöckchen hinein.

Jetzt darfst du es ins Feuer werfen. Schau einfach dabei zu, wie es verbrennt.

***

Wenn wir etwas geben oder aufgeben, so entsteht Platz für etwas Neues. Das ist sehr gut für dich, denn nun kannst du dir etwas wünschen! Du kannst jetzt deinen zweiten Gegenstand dazu nutzen, etwas in dein Leben einzuladen, was dich von jetzt an begleiten darf.

Vielleicht kannst du nicht so gut malen wie die anderen oder langweilst dich ganz schlimm in der Schule, wenn du so lange still sitzen musst. Oder es gibt andere Kinder, die dich einfach nicht mitspielen lassen wollen oder sogar manchmal über dich lachen?

Dann kannst du dir jetzt zum Beispiel Freunde in dein Leben einladen, die dich lieb haben, genau so, wie du bist! Du kannst gute Ideen zum Malen einladen oder Geduld, wenn dir oft etwas langweilig ist ...

Überlege mal, was du dir gerade am meisten wünschst. Was könnte schöner oder besser werden?

Und dann nimmst du auch den zweiten Gegenstand und hältst ihn mit beiden Händen vor deinen Mund. Denke noch einmal an dich und die Eigenschaft oder Sache, die du so gern in dein Leben einladen möchtest, und dann puste dreimal kräftig in das Blatt oder Stöckchen hinein.

Auch dies wirf nun ins Feuer, und beobachte, wie von dem verbrennenden Gegenstand Rauch aufsteigt. Dieser Rauch trägt deinen Wunsch zu den vielen helfenden Wesen, die uns alle umgeben – damit sie wissen, was zu tun ist.«

Und so schaust du in die Flammen, die deine beiden Gegenstände verwandeln.

***

Dein kleiner grüner Freund zupft an deinem Hemd oder Pulli und flüstert dir zu, dass du dich nun auch bedanken kannst. Bei dem Feuer, dem alten Wesen – dem Zwerg oder der Elfe –, das dir gerade geholfen hat, und, wenn du magst, auch bei den vielen Wesen, die dir nun bei der Erfüllung deines Wunsches helfen werden.

***

Du spürst, dass es nun Zeit ist, wieder nach Hause zu gehen. Und so verabschiedest du dich. Das kleine, grüne Wesen wird dich noch zurück zu dem Baum und der Wiese begleiten. Schaue dich auf der Lichtung in diesem Wald noch einmal um, wenn du magst, und nimm all die Eindrücke mit auf deinen Rückweg nach oben.

Gemeinsam geht ihr aus dem Wald hinaus auf die Öffnung der Rutsche zu. Du siehst schon aus einiger Entfernung, dass diese sich nun wie eine Art Rolltreppe nach oben bewegt, und dein kleiner, grüner Freund schubst dich lachend darauf zu. Ihr werdet nach oben gefahren, immer höher, durch die Erde, die Wurzeln und den riesigen, dicken Stamm des Baumes hinauf. Langsam wird es heller, und du hörst wieder die Vögel zwitschern und das Summen der Insekten.

Ihr klettert hinaus in die große Baumkrone, und es ist nun Zeit, auch von dem kleinen Wesen Abschied zu nehmen. Zumindest für jetzt. Du kannst jederzeit wiederkommen, wenn du magst!

Du kannst dich bedanken, noch etwas sagen, was dir wichtig ist – vielleicht magst du deinem kleinen Freund auch eine Umarmung zum Abschied schenken?

Ihr lacht fröhlich, und du kletterst den Stamm hinab, zurück auf die Sommerwiese, auf der deine Reise begonnen hat.

Wenn du magst, schaue noch einmal in die Baumkrone hinauf, und winke zum Abschied.

Dann nimm langsam wieder drei tiefe Atemzüge, und spüre dabei in deinen Körper hinein, der gerade gemütlich sitzt oder liegt. Nimm wahr, in welchem Zimmer du bist. Bewege langsam deine Finger und Zehen. Vielleicht magst du dich recken und strecken. Mache langsam deine Augen auf, und freue dich auf die Geschenke, die das Feuer und die helfenden Wesen dir bereiten.

Fröhlich sei dein Tag, fröhlich sei dein Leben!

Das Wasser des Zaubersees

Eine Reise zur Reinigung von Emotionen – für eine Zeit der Aufgebrachtheit, Unruhe, Angst, Wut, Traurigkeit ...

Finde eine Position, die ganz gemütlich für dich ist und in der du für eine kurze Zeit ganz bei dir selbst und deinen Gefühlen sein kannst.

Du kannst dich hinlegen oder setzen, dich zudecken und dich gern auch an etwas kuscheln, was du sehr gern hast – eine weiche Decke oder ein Kuscheltier.

Schließe jetzt deine Augen, damit du eine Reise in dein Inneres machen kannst.

***

Und nun stelle dir vor, wie du auf einer Wiese stehst. Schaue dich dort um, schnuppere in die Luft, lausche ... Kannst du etwas Bestimmtes riechen? Das Gras oder vielleicht Blumen?

Was kannst du hören? Vielleicht Vögel, summende Insekten oder auch andere Tiere? Welche Jahreszeit ist gerade an diesem Ort?

Auf dieser Wiese führt auch ein Fußweg auf einen kleinen Wald zu. Du gehst diesen Weg entlang und erreichst die ersten Bäume des Waldes. Da siehst du, dass der Weg in den Wald hineinführt. Schaue dir die Bäume an und den Boden des Weges – ist er voller Laub, oder sind es kleine Kieselsteine? Wie ist das Wetter? Scheint die Sonne zwischen den Blättern hindurch? Du gehst nun tiefer in den Wald hinein und hörst in der Ferne das Rauschen von Wasser. Es ist das Geräusch eines Wasserfalls, und du gehst weiter, um ihn dir anzusehen. Dann kommst du auf eine Lichtung im Wald und siehst den Wasserfall und einen kleinen See, der sich unterhalb des Wasserfalls gebildet hat. Schaue dir auch das Gestein an, aus dem er entspringt.

Tritt näher an den See heran. Auf einmal hörst du mitten im Rauschen des Wassers eine warme, liebevolle Stimme: »Herzlich willkommen – wie schön, dass du da bist!« Du schaust dich um, kannst jedoch niemanden entdecken. »Ich bin direkt vor dir. Ich bin Großmutter Wasser. Probiere doch mal, wie sich das Wasser des Sees anfühlt. Halte einfach deine Hände hinein, und du wirst feststellen, dass das Wasser angenehm warm ist.«

Die Stimme ist so herzlich, dass du Lust dazu hast, einfach auszuprobieren, was sie dir vorschlägt. Das Wasser ist wirklich angenehm warm.

Während sich deine Hände noch im Wasser befinden, spricht es wieder zu dir: »Du bist hier an einem Kraftplatz, und wenn du es möchtest, darfst du mir all deine Gefühle übergeben, die du gerade mit dir herumträgst. Ich werde sie gern in mir aufnehmen. Was es auch sei – du darfst es mir einfach übergeben! Dazu kannst du einfach in den See hineingehen oder auch hineinspringen, wenn du magst – er ist nicht tief! Du kannst planschen, umherschwimmen und dich mit dem sauberen, angenehm warmen Wasser waschen. Am besten genau an den Stellen, an denen du diese Gefühle besonders spürst. Vielleicht hast du einen Druck im Bauch oder auf dem Herzen? Und wenn es in deinem Kopf ganz besonders schwirrt und unruhig ist, egal, mit welchen Gedanken und Gefühlen du dich darin beschäftigst, dann versuche doch einfach mal, den Kopf unter Wasser zu halten. Nur ganz kurz, wenn du magst. So kann ich auch deine Gedanken mit dem klaren Wasser reinigen.«

Nimm dir nun eine Weile Zeit, deinen Körper zu erspüren. Bedrückt dich etwas? Machst du dir Sorgen, oder hast du vor etwas Angst? Wo in deinem Körper kannst du das am meisten spüren? Oder ist es überall gegenwärtig? Alle deine Gefühle, die du nicht länger so spüren magst, kannst du jetzt in dir aufsteigen und direkt ins Wasser hineinfließen lassen. Wenn du das unterstützen möchtest, kannst du genau die Stelle deines Körpers, wo es am deutlichsten drückt oder zwickt, mit deinen Händen und dem Wasser des Sees reinigen. Wenn dir danach ist, kannst du dich auch unter den Wasserfall stellen und wie unter einer Dusche alles fortspülen lassen.

***

Du spürst, dass du leichter wirst und dich frischer und fröhlicher fühlst.

Auch der See spürt deine fröhlichen Gefühle und merkt, dass es dir nun besser geht. Gemeinsam mit dir freut er sich darüber.

»Nun ist es für dich an der Zeit, wieder nach Hause zurückzukehren. Ich bin sehr froh, dass du zu mir gekommen bist. Ich werde immer hier, an diesem Ort, auf dich warten und für dich da sein, wenn du mich noch einmal brauchst«, sagt Großmutter Wasser.

Und so verlässt du den See nun wieder, schwimmst zu seinem Ufer und kletterst hinaus.

Du kannst noch einmal stehen bleiben und wieder festen Erdboden unter deinen Füßen spüren. Vielleicht magst du dich auch einmal heftig schütteln, wie ein nasser Hund? Wenn du magst, kannst du dich auch gern bei dem See bedanken und dich dann von ihm verabschieden.

Dann gehst du auf dem kleinen Fußweg, den du gekommen bist, wieder aus dem Wald hinaus auf die Wiese zu, auf der deine Reise begonnen hat.

Hat sich die Jahreszeit oder das Wetter verändert? Siehst oder hörst du Tiere? Riecht es inzwischen anders? Nimm einfach deine Umgebung wahr, während du zu deinem Ausgangsort zurückkehrst.

Nimm nun drei tiefe Atemzüge, und spüre mit jedem davon ein wenig mehr, dass du ganz gemütlich sitzt oder liegst, in welchem Zimmer du bist und wer vielleicht bei dir ist. Bewege deine Hände, deine Zehen, recke und strecke dich, und öffne langsam deine Augen.

Fröhlich sei dein Tag, fröhlich sei dein Leben!

Die Wunschkraft der Luft

Eine Reise zur Verbindung mit allem, was ist – für eine Zeit des Wünschens ...

Schließe zu Beginn kurz deine Augen, und erinnere dich daran, wie es sich anfühlt und was in dir geschieht, wenn dir jemand eine Wimper auf seinem Finger hinhält und dich bittet, dir etwas zu wünschen.

Fühlt sich das schön an? Hast du sofort Ideen, was du dir wünschen möchtest, oder überlegst du lieber ein bisschen länger, um genau den richtigen oder den wichtigsten Wunsch loszuschicken? Hast du ganz viele Wünsche auf einmal, oder fällt dir so schnell gar nichts ein?

Spüre einfach kurz nach, wie das ist ...

***

Nun finde eine Position, die ganz gemütlich für dich ist. Dazu kannst du noch einmal deine Augen öffnen, dir einen schönen Platz suchen, dich hinlegen oder setzen, dich zudecken und gern auch an etwas kuscheln, was du sehr gern hast – eine weiche Decke oder ein Kuscheltier. Mache einfach das, was dir jetzt am liebsten ist, damit du dich wohlfühlst.

***

Und nun stelle dir vor, wie du auf einer Wiese stehst. Der Himmel ist klar und die Sicht weit, die Sonne scheint, und es weht auch ein warmes Lüftchen. Vielleicht streichelt es gerade jetzt sanft dein Gesicht oder dein Haar. Um dich herum ist alles herrlich grün, und in der Landschaft sind ein paar kleinere und auch größere Hügel zu sehen. Manche sind recht hoch, und die kleinen Wege, die sich nach oben schlängeln, haben eine ganz ordentliche Steigung. Andere sind flach, und die Wege führen langsam und angenehm ansteigend, vielleicht sogar immer rund um den Hügel herum, nach oben.

Schaue dich dort um, und suche dir für heute einen der Hügel aus, auf den du gehen oder klettern magst. Welcher gefällt dir heute am besten? Welchen schaust du vielleicht immer wieder an?

Wenn du dich entschieden hast, dann mache dich auf den Weg nach oben. Was ist das für ein Weg? Ist er gepflastert oder voller kleiner Kieselsteine? Oder besteht er einfach aus Erde oder platt getrampeltem Gras? Vielleicht sind vor dir schon oft Menschen hier hoch gewandert ... Schaue dich einfach um, nimm wahr, was du sehen und hören und vielleicht sogar riechen kannst.

Nach einer Weile streift der Wind wieder sanft an deiner Wange entlang und auch leicht über dein Haar. Außerdem ist dir irgendwie so, als würdest du eine Stimme hören – ganz leise, ein Flüstern.

Da! Noch einmal: »Hallo, willkommen im Land der grünen Hügel! Schön, dass du hierhergekommen bist!«

Du schaust dich um, kannst jedoch niemanden entdecken.

Noch einmal weht dir der Wind durch deine Haare, und als er an deinem Ohr vorbeiweht, hörst du es ganz deutlich:

»Ich bin es, die Luft! Ich bin das beweglichste der Elemente, und ich freue mich, dass du auf den Gipfel des Hügels hinaufwanderst, denn ich liebe Bewegung und begleite dich gern auf diesem Weg!«

Wie um dir das zu bestätigen, trägt die Luft zwei wunderschöne, bunte Schmetterlinge direkt an deine Seite. Sie umkreisen dich sanft und bleiben während der nächsten Schritte an deiner Seite. Kannst du die Farben und Muster auf ihren Flügeln erkennen, während du sie beobachtest?

Da hörst du es wieder nahe an deinem Ohr: »Ich würde dir gern ein kleines Ritual zeigen, wenn du gleich oben auf dem Hügel angekommen bist. Ich bin das Element, das andere Elemente miteinander verbinden kann, und ich kann auch die Menschen miteinander verbinden. Ihr atmet alle die gleiche Luft ein und wieder aus und verbindet euch mit jedem Atemzug mit allen Wesen, die mich ebenso atmen. Es ist ein wunderbarer Kreislauf, der euch einen Austausch ermöglicht und der eure Verbindungen stets lebendig und beweglich hält.«

Du lauschst der Stimme der Luft aufmerksam, während du die letzten Schritte zum Gipfel des Hügels machst. Gleich bist du oben angekommen – bist du schon neugierig, was das für ein Ritual sein wird? Weißt du, was ein Ritual ist? Bist du vielleicht ein klein wenig aufgeregt?

Oben angekommen, siehst du genau in der Mitte eine wunderschöne Schale stehen. Darin bewegt sich etwas. Als du näher an die Schale herantrittst, siehst du, dass drei Federn darin tanzen. Der Wind bewegt sie so sanft und spielerisch, dass es wirklich aussieht, als würden die Federn miteinander tanzen!

Und wieder flüstert es in dein Ohr: »Das sieht schön aus, oder? Federn haben die Gabe, Bewegliches zu beschützen. Du weißt wahrscheinlich, dass sie den Vögeln das Fliegen ermöglichen und durch ihre besondere, dünne Schicht auch dafür sorgen, dass das Wasser an ihnen abperlt, wenn die Vögel in einem See landen oder es regnet. Allerdings sind nicht nur die Vögel in der Luft beweglich, sondern auch deine Ideen, deine Fantasie, deine Wünsche und Gebete können sich frei in der Luft bewegen und manchmal vielleicht sogar regelrecht um dich herumschwirren. Kennst du das? Diese Federn hier sind bestens dafür geeignet, deine beweglichen Wünsche und Gebete zu beschützen und in die Welt hinaus oder hoch in den Himmel zu tragen ... Such dir bitte jetzt eine dieser Federn für dich aus, und nimm sie in die Hand, damit wir das kleine Ritual beginnen können.«

Du schaust dir noch einmal alle an, entscheidest dich für eine der drei Federn und nimmst sie aus der Schale heraus.

Nimm dir kurz Zeit, deinen Körper zu erspüren. Kannst du dich an deine Gefühle ganz am Anfang erinnern, als du an die Wimper und das Wünschen gedacht hast? Jetzt ist der Moment, in dem du dir etwas für dich wünschen, um etwas bitten darfst. Spüre in deinem Körper nach, vielleicht ist da ein Prickeln, eine Aufregung oder Freude, und wenn du das spürst, dann puste dreimal in deine Hände, wo die Feder liegt, und mit jedem Pusten überträgst du nicht nur deinen Atem, sondern auch den Wunsch, den du hast, in die Feder.

***

Nachdem du dreimal deinen Wunsch in die Feder hineingegeben hast, öffne deine Hände, und puste die Feder ein viertes und letztes Mal an – dieses Mal pustest du sie hinaus in die Welt.

Schaue dabei zu, wie der Wind sie mit sich trägt ...

***

»Nun darfst du an einen Menschen denken, den du sehr lieb hast und dem du etwas wünschen möchtest. Vielleicht braucht jemand bei etwas Hilfe, oder jemand ist gerade krank? Du darfst dir nun eine der beiden übrigen Federn nehmen. Genau wie gerade eben für dich selbst, nimm die Feder zwischen deine Hände, spüre in deinem Körper das Prickeln oder die Freude, und puste genau dann, wenn du es stark spürst, den Wunsch für diesen lieben Menschen dreimal in die Feder hinein. Dann öffne wieder deine Hände, puste ein viertes Mal – und damit den Wunsch hinaus in die Welt!«

***

Du kannst richtig spüren, wie sich die Luft, die dich umgibt, freut und dich damit ansteckt. Es fühlt sich toll an, vielleicht kitzelt es sogar ein bisschen am Bauch oder fühlt sich innerlich aufregend an.

»Und jetzt nimm dir die letzte Feder. Sie ist hier für die Erde, auf der wir alle leben. Bitte wünsche dir etwas für die Erde. Vielleicht für die Pflanzen, die Luft erzeugen, oder unsere gefiederten Freunde? Vielleicht für alle Tiere? Mit diesem Wunsch kannst du viel Gutes in unsere Welt bringen!«

Und wieder spürst du in dir den Moment, in dem du deinen Wunsch an die Feder übertragen möchtest, und du pustest dreimal in sie hinein – öffnest deine Hände und schickst diesen Wunsch mit einem vierten, kräftigen Pusten hinaus in die Welt!

In diesem Moment kommt eine sanfte und doch kräftige Windböe, umweht dich fest und schützend und hebt dich mit einem Satz an. Es bewegt sich lustig in deinem Bauch, als sie dich den Hügel hinabträgt, damit du nicht hinuntergehen musst.

»Es ist für dich an der Zeit, wieder nach Hause zurückzukehren. Du hast so wunderbare Wünsche in diese Welt hinausgesendet, und ich bin sicher, dass die Welt nur darauf wartet, dich nun wieder voll und ganz in ihr begrüßen zu können! Ich bin sehr froh, dass wir hier zusammen gewünscht haben, und würde mich freuen, wenn du immer wieder einmal herkommen würdest, um drei Wünsche an mich zu übergeben. Vielleicht magst du beim nächsten Besuch noch jemanden mitbringen, damit immer mehr Menschen gute Wünsche in die Welt schicken.«

Nimm nun drei tiefe Atemzüge, und spüre mit jedem davon ein wenig mehr, dass du mit allem um dich herum über den Atem verbunden bist. Komme wieder dort an, wo du es dir gemütlich gemacht hast, bewege deine Hände, deine Zehen, recke und strecke dich, und öffne langsam deine Augen.

Fröhlich sei dein Tag, fröhlich sei dein Leben.

Mein Freund, der Baum

Hier können die Kinder Verbundenheit mit der Natur, gegenseitiges Geben und Nehmen entdecken und die Welt des Waldes erkunden. Diese Reise trägt zu einer guten Erdung bei.

Setze dich ganz entspannt hin. Du kannst auf einem Stuhl oder einem Sessel sitzen oder im Schneidersitz auf dem Boden. Ganz so, wie es für dich bequem ist. Wenn du magst, kannst du dich auch hinlegen.

Mache es dir richtig gemütlich.

Jetzt atme dreimal tief ein und aus. Spüre dabei, wie die Luft durch deine Nase, durch deine Brust bis in deinen Bauch und wieder zurückströmt. Vielleicht kitzelt es ein bisschen an deiner Nase, vielleicht merkst du, wie deine Bauchdecke sich mit jedem Atemzug hebt und senkt. Achte einfach mal darauf, wie sich das anfühlt.

***

Wenn du jetzt ganz normal weiteratmest, wirst du ganz ruhig. Es ist ganz still in dir! Nur dein Atem kommt und geht wie eine sachte Welle ...

Nun stelle dir vor, wie du in einem schönen, sommerlichen Wald spazieren gehst. Um dich herum ist alles grün und lebendig. Sonnenlicht fällt durch das Blätterdach, Vögel zwitschern, und ab und an siehst du ein Eichhörnchen einen Baum hinaufflitzen. Es duftet nach würziger Waldluft, ganz frisch und klar. Es tut richtig gut, diese Luft einzuatmen.

Du gehst barfuß auf einem schmalen Pfad, der sich durch den Wald windet. Ganz weich ist die Erde unter deinen Füßen. Weich und warm. Kannst du die Erde an deinen Fußsohlen fühlen? Merkst du, wenn du manchmal auf ein abgestorbenes Blatt oder einen kleinen Zweig trittst? Deine Füße werden vom Waldweg richtig massiert, und das fühlt sich ganz schön an.

Du gehst immer weiter und genießt den Tag, das grüngoldene Licht im Wald und die gute Luft.

***

Plötzlich hörst du neben dir Zweige knacken, und aus dem Augenwinkel siehst du etwas Weißes vorbeihuschen. Ganz kurz nur, dann ist es auch schon wieder verschwunden. Was war das nur?

Du bleibst stehen und schaust zwischen den Bäumen hindurch. Doch da ist nichts, und du gehst ein Stück weiter. Da ... Wieder das Knacken, diesmal auf deiner anderen Seite. Blätter, die wie von einem Windstoß rauschen, und irgendetwas großes Weißes, das ganz schnell wieder verschwindet.

Irgendwie seltsam, aber du weißt auch genau, dass du in diesem Wald nichts befürchten musst. Alles hier ist freundlich zu dir. Der Weg ist weich, die Sonne warm, die Tiere lächeln dich an, die Vögel singen ein Lied für dich ...

Hier kann dir nichts passieren!

Aber jetzt bist du neugierig geworden und möchtest gern wissen, was dieser weiße Schatten war, den du eben gesehen hast. Du drehst dich einmal im Kreis, um dich umzuschauen, und als du wieder nach vorne blickst, in die Richtung, in die du ursprünglich gegangen bist, steht plötzlich ein riesiger, weißer Hirsch vor dir. Sein Fell, seine Hufe, sein Geweih: Alles an ihm ist weiß wie Schnee. Einzig seine Augen sind von einem tiefen, warmen Braun.

Vielleicht bist du diesem Hirsch schon früher einmal begegnet. Vielleicht auf einer deiner anderen Reisen. Dann kennst du ihn schon: Er ist der König des Waldes!

Er senkt seinen Kopf, damit er dir in die Augen sehen kann. Dann sagt er mit seiner sanften Stimme: »Schön, ____________ *(Name des Kindes)*, dass du uns wieder einmal in unserem Wald besuchen kommst. Wir freuen uns immer sehr, wenn Freunde vorbeischauen. Hast du ein bisschen Zeit mitgebracht? Dann würde ich dir gern jemanden vorstellen ...«

Du nickst, denn du hast alle Zeit der Welt. Du hast es nicht eilig, du musst nirgendwo hin, sondern kannst einfach im Wald umherschlendern.

»Dann komm mit«, sagt der Hirsch, dreht sich um und trottet dir voraus. Du läufst erst hinter ihm her, dann holst du auf und gehst neben ihm. Er lächelt dir zu und reibt seinen Kopf an deiner Schulter. Gemeinsam geht ihr weiter durch den Wald den schönen, weichen Weg entlang.

Vielleicht magst du den Hirsch ja etwas fragen. Er ist der König des Waldes und überall für seine Weisheit bekannt. Während du jetzt neben ihm hergehst, kannst du dich eine Weile mit ihm unterhalten, wenn du magst ...

***

Nun seid ihr offenbar am Ziel eurer kleinen Wanderung angekommen. Der Hirsch bleibt am Rand einer Lichtung stehen. Eine große Blumenwiese breitet sich vor dir aus. In der Mitte steht eine einzelne mächtige Eiche.

»Wir sind da«, sagt der Hirsch. »Hier ist derjenige, den ich dir vorstellen möchte. Er wird dir einiges über sich und auch über dich erzählen, denn ihr seid ganz stark miteinander verbunden.«

Du schaust dich um, aber du kannst niemanden entdecken. »Wo ist er denn?«, willst du den Hirsch gerade fragen, aber da hat er sich auch schon in Luft aufgelöst. Ganz plötzlich ist er verschwunden. Langsam betrittst du die Lichtung und schaust dich nach jemandem um. Du gehst weiter zur Mitte der Wiese, schaust hinter den Baum, aber auch dort ist niemand. Du gehst einmal um den Baum herum, aber du kannst immer noch niemanden sehen.

Da hörst du auf einmal eine gaaanz tiefe, knorrige und knarzige Stimme: »Nicht jeder ist so wie du. Manche Lebewesen haben keine Beine und können nicht herumlaufen.«

Jetzt merkst du, dass es der Baum ist, der mit dir spricht. In seiner Rinde kannst du nun auch ein Gesicht erkennen: große, sanfte Augen, eine dicke Knollennase und einen breiten Mund, der dich anlächelt.

So ein freundliches Gesicht. Das scheint wirklich ein ausgesprochen netter Baum zu sein.

»Der weiße Hirsch hat dich hierhergebracht, weil ich einmal mit dir reden wollte. Meistens können nur Kinder meine Worte hören. Weißt du, ich stehe seit 650 Jahren an dieser Stelle, und immer sind es die Kinder, die mich besuchen kommen und mit mir reden. Darüber freue ich mich immer sehr, denn ich mag Kinder.

Sicher hat dir der weiße Hirsch auch erzählt, dass wir miteinander verbunden sind, oder?!«

Du nickst, und der Baum spricht weiter: »Du fragst dich vielleicht, warum das so ist – und ich will es dir erklären. Was ich am allerliebsten mache, ist nämlich die Luft zu reinigen. Im Wald riecht es so gut, weil wir Bäume dafür sorgen, dass die Luft hier immer frisch ist. Wir atmen die verbrauchte Luft ein und atmen frische Luft aus. Bei euch Menschen ist es genau umgekehrt. Ihr atmet frische Luft ein und verbrauchte Luft wieder aus. So, wie ihr die frische Luft braucht, brauchen wir das, was ihr ausatmet. Und so geben wir uns gegenseitig, was wir brauchen. Das ist wie ein Kreis – ohne Anfang und Ende. Menschen brauchen Bäume, und Bäume brauchen Menschen. Wenn wir zusammen atmen, geht es uns beiden gut. Lass uns das mal probieren … Lass uns einfach eine Weile zusammen atmen, du und ich. Dann wirst du merken, was für eine tolle Sache das ist.«

Du atmest jetzt ein paar Mal tief ein und aus. Dabei siehst und hörst du, wie auch der Baum ein- und ausatmet. Atme gemeinsam mit dem Baum. Er versorgt dich, und du versorgst ihn.

***

»Ah, das tut gut«, sagt der Baum mit seiner tiefen Stimme. Dann beugt er einen Ast zu dir herab und berührt dich mit einem Blatt an deiner Nase, an deiner Kehle, an deiner Brust und an deinem Bauch. Du spürst, wie es ganz warm in dir wird und wie dein Atem ganz sanft fließt. Es ist, als würde dich die grüne Kraft des Baumes durchströmen und deinen Atem ganz leicht machen.

»Ich werde immer gut für dich sorgen«, sagt der Baum. »Und auch meine Brüder und Schwestern, die sich immer über deinen Besuch im Wald oder im Park freuen. Wir werden immer gute Luft für dich machen, und wir freuen uns, wenn du ab und zu an uns denkst oder dich in unseren Schatten setzt und eine kleine Weile mit uns ein- und ausatmest. Du weißt ja jetzt, wie wir miteinander verbunden sind und dass wir einander brauchen. Wir helfen uns gegenseitig.«

Der Baum hebt seinen Ast wieder und wiegt sich leicht im Wind. »Oh, Wind ist schön«, sagt er und grinst. »Ich glaube, jetzt wirst du wieder abgeholt. Schau mal, der weiße Hirsch ist zurück ...«

Und tatsächlich: Am Rand der Lichtung steht der König des Waldes und wartet auf dich. Du bedankst dich bei dem Baum, verabschiedest dich und läufst zum Hirsch. Dort drehst du dich noch einmal um und winkst dem großen Baum zu. Vielleicht ist es der Wind, der seine Äste bewegt, vielleicht winkt er aber auch zurück. Wer weiß das schon so genau ...

Der Hirsch stupst dich mit seiner Schnauze an, und gemeinsam macht ihr euch auf den Rückweg. Links und rechts am Weg stehen so viele Bäume, alle damit beschäftigt, gute Luft zu machen. Ganz laut rufst du: »Danke, liebe Bäume!« Überall raschelt es plötzlich in den Blättern, und da muss auch der Hirsch lachen ...

Wie schön ist es, so viele Freunde zu haben!

Jetzt seid ihr wieder dort angekommen, wo du dem Hirsch vorhin begegnet bist.

»Ich muss mich jetzt von dir verabschieden, aber ich hoffe, du kommst bald wieder einmal in unseren Wald. Du bist hier stets willkommen!«

Er drückt noch einmal seine Stirn gegen deine, und dann löst sich der weiße Hirsch auf wie Nebel in der Sonne. Eben war er noch hier, jetzt ist er verschwunden.

Der Wind rauscht in den Blättern der Bäume, du atmest noch einmal die gute, frische Luft ein, füllst deine Lungen mit dem würzigen Duft des Waldes, lässt die grüne Kraft durch dich hindurchströmen – und öffnest dann ganz langsam deine Augen ...

Gesegnet sei dein Tag, gesegnet sei dein Leben!

Abschließend

Weitere Unterstützung im Alltag

Wir haben bereits empfohlen, ein Tier, das auf einer Reise für ein Kind eine wichtige Rolle spielte, als Figur oder Kuscheltier zu besorgen – besonders nach der Krafttiersuche ist dies für die tiefere Verbindung von Kind und Krafttier unglaublich wertvoll! – und Erlebnisse gemeinsam nachzuspielen. Für uns selbst sind auch die kleinen erfundenen Theaterstücke der Kinder nach Meditationen immer wieder ein Genuss, und wir erleben dadurch, wie gut die Kinder die Erlebnisse verinnerlichen und wiederum uns Erwachsenen das gerade frisch Gelernte nahebringen wollen.
Aus alten Schuhkartons, mit viel Wasserfarbe und buntem Papier sind schon so manche tierischen Szenerien entstanden oder wunderbare Poster und Bilder, die den Kindern die wichtigste Szene ihrer Reise immer wieder in Erinnerung bringen können und die Verbindung zu den nährenden Kräften, die darin verwoben sind, stärken. Wir empfehlen daher das (gemeinsame) Malen und Basteln ebenfalls sehr! Auch in der Arbeit mit Schulklassen suchen wir erst gemeinsam das Krafttier, fassen danach in einem großen Kreis das Erlebte in Worte und malen schließlich ein Bild des Tieres, das es in der Umgebung zeigt, in der man es getroffen hat.

Die Reisen spielen sich vor den inneren Augen ab, bewegen unseren Geist, nähren unsere Fantasie und bleiben innerhalb der mentalen Bereiche. In dem Moment, in dem wir einen wichtigen Teil der Reise in die Wirklichkeit holen, transportieren wir das geistig Erlebte in die Welt der Materie, und es kann dadurch in Ihrem Kind und auch auf der Erde Wurzeln schlagen. Es bleibt nicht nur ein geistiges Gebilde, sondern darf auf einem Blatt bunte Wirklichkeit werden, als Geschichte mit wirklichen Figuren nacherlebt werden, gefühlt und selbst von Hand bewegt. Lassen Sie dazu einfach Ihr Kind entscheiden, welches Erlebnis besonders schön oder beeindruckend für es war, und holen Sie es gemeinsam in die materielle Wirklichkeit.

Dazu können Sie sogar gewisse Elemente der Reisen tatsächlich erleben, z.B. einen Stein, der die Sorgen des Kindes trägt, vergraben oder an einen schönen Ort in der Natur bringen oder eine Feuerzeremonie für das Kind veranstalten. Ihrer kreativen Umsetzung sind hier (fast) keine Grenzen gesetzt, und Ihr Kind wird diesen Einsatz sehr zu schätzen wissen.

Schlusswort

Wenn Sie Kindern ein paar dieser Meditationen oder Seelenreisen vorgelesen, sie begleitet und danach vielleicht mit ihnen über ihre Erlebnisse gesprochen haben, werden Sie sicherlich schon festgestellt haben, dass auch Sie als Vorlesender beschenkt wurden. Die Fantasie von Kindern kennt keine Grenzen. Alles ist möglich, und diese Möglichkeiten haben eine enorme Kraft.
Vielleicht haben Sie bislang immer insgeheim über kindliche Fantasie gelächelt und sie nicht wirklich ernst genommen? Diese Welt ist ja schließlich auch kein »Wunschkonzert«, und der Ernst des Lebens hat für die meisten Menschen wenig mit Drachen, Zwergen und sprechenden Tieren zu tun.
Möglicherweise haben Sie aber nun erfahren, wie sehr diese kindliche Fantasie in der Lage ist, Gefühle zu klären, Probleme zu lösen und schwierigen Situationen Heilung zu schenken. Vielleicht sehen Sie nun auch das Chaos im Kinderzimmer mit anderen Augen. Der Plastikritter, der auf dem Teddybären reitet, ergibt nun vielleicht einen ganz neuen Sinn für Sie.
Wir hoffen, dass Sie gemeinsam mit den Ihnen anvertrauten Kindern wertvolle Erlebnisse teilen konnten, die sowohl Ihre Kinder als auch Sie selbst bereichert haben.

Wir wünschen der Welt starke Kinderseelen, die neue Wege gehen und alle Erwachsenen mit ihrer Offenheit und ihrem Staunen verzaubern!

Danksagung

Unser erster Dank gilt allen Kindern und Eltern, die uns an ihren Erfahrungen mit unseren Reisen teilhaben ließen, vor allem Caja und Lale Behrmann und Beate Simon. Wir danken Maira Beckmann, die unsere Inspiration für die Meditation mit dem Wildpferd war. Besonderer Dank gilt auch Bärbel Putz, die uns den Zugang zu ihrer Schule und einigen wundervollen Schulklassen ermöglicht hat und mit ihrer Klasse nun jeden Montag meditativ in die Woche startet. Eure Erlebnisse und eure strahlenden Augen waren und sind für uns eine große Inspirationsquelle und Bereicherung!
Wir danken Heidi und Markus Schirner, die sofort von dem Projekt überzeugt waren, und Claudia Simon, die unsere Arbeit für den Verlag betreut hat.
Ein weiterer Dank gilt Christian Köhler, in dessen Tonstudio wir unsere Meditationen und auch die Musikstücke für die CD-Veröffentlichungen aufnehmen und dessen ruhige und professionelle Art uns das Arbeiten zu einer wahren Freude werden lässt.
Wir danken von Herzen allen Seminarteilnehmern, die uns in den letzten Jahren begegneten und mit denen wir ein Stück ihres Weges gehen durften.
Ein großer Dank auch an Seán ÓLaoire und Philip Carr-Gomm für all die Gespräche in den letzten Jahren.

Über die Autoren

Jennie Appel arbeitet seit 2006 in eigener Praxis als psychologische und energetische Beraterin mit schamanischen Methoden, Bewusstseinstraining, Coaching und Kinder-Focusing. Sie begleitet dabei nicht nur Einzelpersonen, sondern auch Paare und Familien und leitet Krafttiersuchen an Schulen.
Ihre große Erfahrung mit Klienten und ihre emotionale Einfühlsamkeit befähigen sie, Menschen zu sich selbst, den eigenen Visionen ihres Lebens und zur Quelle ihrer Selbstheilungskräfte zu führen. Begleitend finden auch Bewusstseinsseminare, Zeremonien zu den Jahreskreisfesten sowie Rituale zu Hochzeit und Namensgebung ihren Platz.
Ihre Ausbildung zur Studiosprecherin vereint sie erfolgreich mit ihrer Bewusstseinsarbeit, indem sie vielen Meditations-CDs ihre Stimme leiht.
Ihr Weg umfasst u.a. die Ausbildung zur Kinder-Focusing-Begleiterin bei Heidrun Essler, Kurse und Ausbildungen bei der Foundation for Shamanic Studies, Sandra Ingerman,

Philip Carr-Gomm, Dr. Wolf-Dieter Storl, Dr. Alberto Villoldo, Don Alberto, Juan und Ivan Núñez del Prado und am Essence Training Institute. Sie arbeitet in Bielefeld und Frankfurt sowie überregional im Rahmen von Fernsitzungen und als Seminarleiterin.
Als Buchautorin veröffentlichte sie gemeinsam mit Dirk Grosser u.a. bereits »Ahnenreise. Schamanisch-meditative Wege zu unseren Wurzeln« (Buch-CD-Set) und gemeinsam mit Olaf Bernhardt »Spirits – Geister im Herzen. Schamanische Wege zu den Kräften der Natur«.

Dirk Grosser schreibt für verschiedene spirituelle Magazine, ist Autor und Co-Autor diverser Bücher (u.a. »Selbst ein Anfang sein« und »Jedes Wort kann ein Segen sein«) und seit einigen Jahren im Verlagswesen tätig, wobei er vorrangig Bücher zu Naturspiritualität und den mystischen Zweigen der Weltreligionen lektoriert, bearbeitet und herausgibt. Sein eigener spiritueller Weg ist beeinflusst von der Philosophie der Antike, der Naturmystik von Autoren wie Emerson, Thoreau und Whitman, Ideen des philosophischen Taoismus, Philip Carr-Gomms »Druidcraft«, Meditation und eigener Naturerfahrung. Eine weitere große Leidenschaft ist die Musik: Er hat in verschiedenen Bands gespielt, an den Soundtracks zu zwei Dokumentarfilmen mitgewirkt, spirituelle Seminare auf Darbuka, Djembé und Cajon begleitet und sowohl solo als auch gemeinsam mit der Trommelgruppe VIATORES mehrere CDs veröffentlicht. Er ist Vater zweier Kinder und lebt zusammen mit Jennie Appel auf einem Pferdehof am Rande Bielefelds.

Gemeinsam bieten die beiden Autoren u.a. Seminare zu schamanischer Heilkunst an und vereinen dabei fundierte Kenntnisse mit kraftvoller Live-Musik und transformierenden Ritualen.

Weitere Informationen und alle Termine unter:
www.jennie-appel.de
www.wildeweisheit.de
www.ahnenreise.net

Die CDs zum Buch

Jennie Appel & Dirk Grosser

Mutmacher-Reisen
Meditationen, die Mädchen stark machen

ca. 50 Min.
ISBN 978-3-8434-8248-6

Probleme in der Schule, Ärger in der Familie, Dauerpräsenz der Medien: Bereits Kinder werden mit Stresssituationen konfrontiert. Schlafstörungen, Unruhe, Aufmerksamkeitsdefizite sind die Folgen. Hier stellen geführte Meditationen wichtige Ruhepausen im Alltag dar. Den jungen Zuhörern werden Vertrauen, Schutz und Ausgeglichenheit geschenkt, und ihre Fantasie wird gestärkt.
Diese CD enthält vier Meditationen, die einfühlsam auf die Bedürfnisse von Mädchen zwischen 7 und 12 Jahren zugeschnitten sind und die diese darin unterstützen, ihren Alltag selbstbewusster und angstfreier zu erleben.

Jennie Appel & Dirk Grosser

Abenteuer-Reisen
Meditationen, die Jungen stark machen

ca. 74 Min.
ISBN 978-3-8434-8294-3

Mit einem Jaguar durch den Dschungel streifen ... oder gemeinsam mit einem alten Indianer dem großen Lied des Lebens lauschen: Gerade in der heutigen Zeit, in der Kinder mit hohen Anforderungen in der Schule sowie einer Dauerpräsenz der Medien konfrontiert sind, schenken geführte Fantasiereisen wichtige Ruhepausen im Alltag. Diese Meditations-CD unterstützt Jungen zwischen 7 und 12 Jahren dabei, mutig etwas Neues auszuprobieren und angstfreier und selbstbewusster ihren Alltag zu erleben, aber auch einen Weg aus Unruhe und fehlender Aufmerksamkeit zu finden.